ファンタジー瞑想

文　横山智恵子
写真　シマタエコ

JN154639

Part1

ようこそ！ 精霊の森へ

Part2 ファンタジー瞑想へのいざない

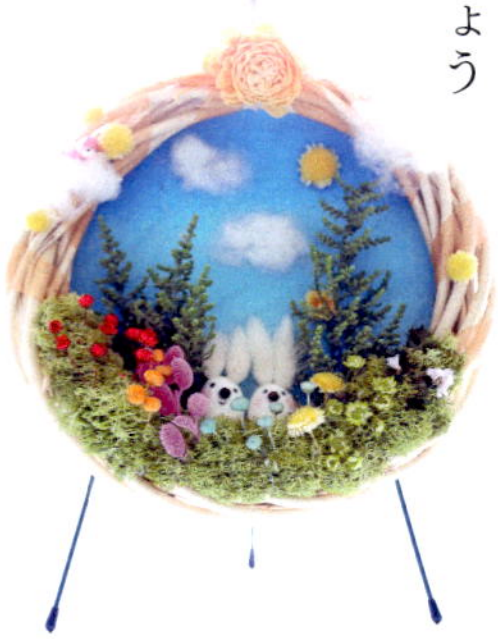

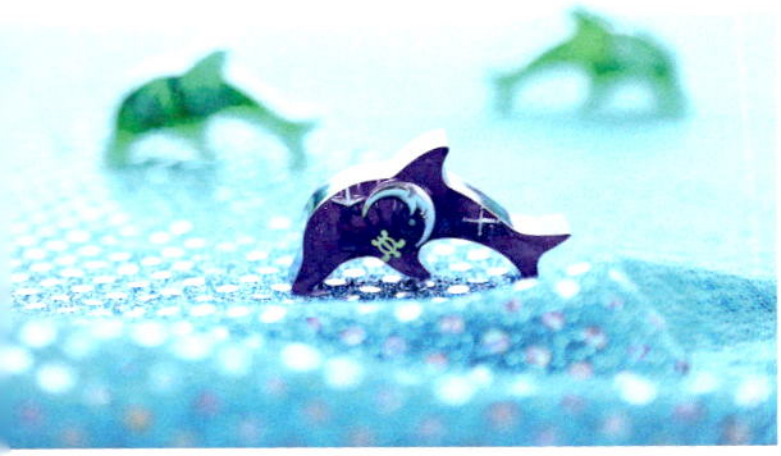

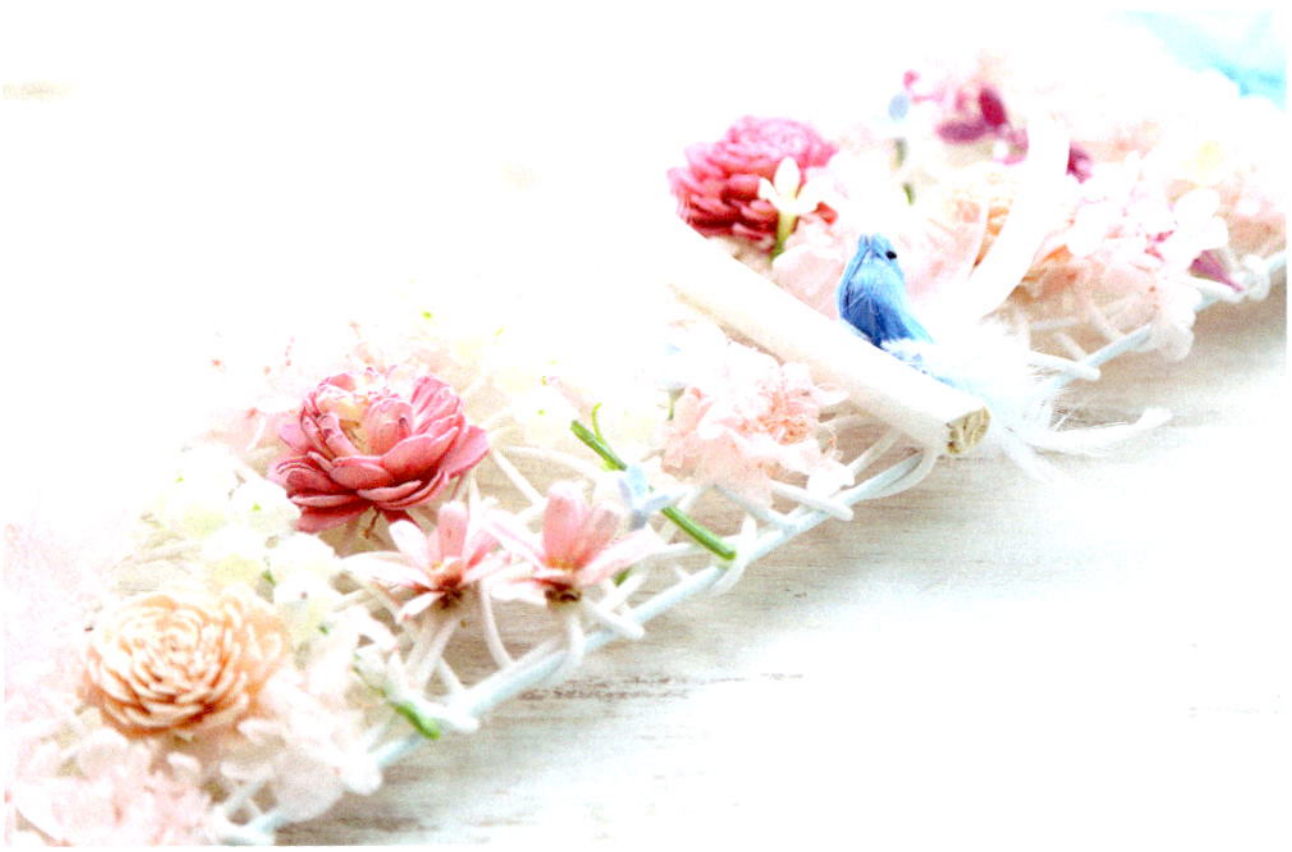

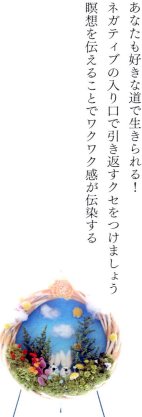

PART 1

ようこそ！
精霊の森へ

さあ、
虹色のストーリーの
扉を開けましょう

地球にはレインボーに輝く虹色の精霊の森があります

地球には、レインボーに輝く虹色の精霊の森があります！　あなたはそのことを信じますか？　それを信じることで、初めて精霊の森への入り口の扉が開きます。

さあ、あなたも『ナナイロの精霊の森ワールド』にイメージを広げてみましょう。

10年くらい前からでしょうか。私は、精霊の森や海や自然の情景、地球の自然界の精霊たちから、作品イメージのインスピレーションを受けるようになり、そのイメージを受け取ると、創作意欲がワクワクと増し、精霊の森のエネルギーアート作品をつくるようになりました。

私は、ナチュラルクラフト講師として18年間、ドライフラワーや木の実などの自然の素材を使ってナチュラルオブジェをつくり、また、つくり方を生徒の皆さんに教えてきました。

そして、この精霊の森のエネルギーアートは、教室でつくるサンプル作品になったり、精霊作品として個展用に創作したりしていました。

自分がつくりたいと思い、心のなかで見ていると思う作品のイメージは、やがて精霊の森につながっていき、「インスピレーションとして受けとっているイメージだ」と思うようになりました。

月夜の海を思い浮かべて…

いま思えば、精霊の森にアクセスしてインスピレーションとして受けとっていた作品のイメージは、美しい満月の夜の静かな海の風景でした。静かな海に満月の月明かりが照らされ、まっすぐに海の底のキレイな貝殻まで透き通るように見える風景。それは、神々しいほどに美しく、心がどうしてもその作品を現実に創作したいという思いに包まれ、私は月明かりの美しい『月夜の海』というランプシェードをつくりました。

その作品が、私自身がファンタジーストーリーの扉を開けた瞬間だったのだと思います。

森のココロちゃん

それからしばらくして、『森のココロ』という木の精霊のイメージが私のもとに舞い降りてきました。そのイメージをもとに、パワーストーンのついた『ナナイロの木のココロちゃん』というオブジェを創作しました。

その作品を展示販売し、「地球の木たちには心があり、人間たちを癒《いや》そうとしている」という木からのメッセージをお客さまに自然と話すようになりました。

それからというもの、このファンタジー作品にはメッセージが込められているということに気づくようになったのです。

いまの私は、それがメッセージの声だとわかるのですが、当時は自分の声も半信半疑で、誰かが伝える言葉から何度も聞かされると、やっとそのシンクロニシティを拾い、何度も聞こえてくる自分の声がメッセージだとわかるようになったのです。

そこから私自身が「この精霊の森はどこにあるの？」「実際、地球にあるのかな？」と、自分自身のイメージに問いかけて創作するようになってきました。

問いかけ始めると、答えが必ず私の心に返ってくるようになりました。その答えは、たまたま友人が偶然語りかけてきた言葉だったり、元々自分の心のなかで響きあって聞こえてくる声だったりしたのです。

そして、最終的な答えは、「精霊の森は私たちが生きている三次元ではなく、波動の高い高次元に存在する」ということでした。だから、私たちには見えないのです。

高次元の森の精霊たち

高次元の森はとても色彩豊かで美しく、キレイな森です。なぜなら、私がイメージとして見ているその精霊たちは、とてもかわいらしく、その精霊たちが住む森はとても美しくキレイだから。

けれども、その見えない美しさを伝えるための作品づくりは、材料がしっくりこないとつくれなかったり、イメージと違うものになったりするなど、私のつたないクラフトの技術力では、とてもむずかしいものでした。

でも、うまくいかないとき、こんな声も聞こえてきました。

「いいんだよ。できることで表現したら、立派な作品でなくても、波動で伝わる」

誰と話しをしているの？　って感じですよね（笑）。

それは、私にもわかりません。

きっと、精霊のイメージが舞い降りると、急にワクワクと楽しい気持ちになって、何かをつくりたくなったのでしょう。私がそのときもっている材料で、とにかく見えるかたちにして、みなさんに見せることが本当の私の歩く道「使命」＝「ミッション」だと感じています。

ワクワクとは、潜在意識をミッションへと導くアンテナでもあります。ですから、私はそのワクワクのアンテナからうまく高波動を拾い、ミッションへの道を歩いていったのでしょう。

そして、いつのまにか私は、

ワクワクのアンテナの帆を立てた舟に乗り、

・天使の人形や木の精霊オブジェ
・精霊ゴブリン
・光るキノコ
・妖精エルフ
・タンポポの精霊ポポ
・風と雲の精霊ルル＆ララ
・白クジラ、イルカ

など、たくさんのイメージと材料が自然と用意されて、ナナイロの森全体を描く精霊の作品を増やしていったのです。

精霊がつむぐファンタジー

たくさんの精霊作品たちが生みだされると、それらにはストーリーがあって、どこかでつながっているということが自然と分かってきました。

そして6年前のある日、ストーリーで展示する作品展の計画があったので、そのストーリーを書こうという日がきました。そのとき、一瞬にしてその物語は、私に降りてきたのです。

なぜ「降りてきた」と感じたのでしょうか。いままで生み出したすべての作品の意味のつながりを、たった1時間でファンタジーストーリーとして書くことができたからです。

それも、きのこをつくっている私が、ファミリーレストランでひとり楽しくきのこ雑炊を食べていたときでした（笑）。

まずは、手帳の空いたスペースに「ストーリーを書きとめておこう」と思って書き始めた私は、その空いたページが足りなくなって、手帳の空いた隙間にまで書きこんでいたのを思いだします。

その最初に降りた物語を基本に、作品が少しずつ増えるたび、登場人物を増やし、いまは17話の地球創世ファンタジーストーリーとしてまとまりました。

森と光のファンタジーが展開するナナイロの森

地球・宇宙からの愛のメッセージ作品「森と光のファンタジー」。

この物語に登場するナナイロの森は、地球には高次元の森が存在し、その森と森を見る人をつなぎます。そして、高波動の愛と光りの波動に満ちた地球が次元を超えて存在すること、そこには愛と平和と癒《いや》しがあることを、私たちに伝えています。

そして、高次元の森は見えない存在ですが、私たち人間をいつも見守り、自然というかたちでパワーを送っていることを伝えています。

ところが、私たち人間は、目に見えるかたちでないと、なかなか信じることができません。

ですから私はインスピレーションで受けとったイメージを、アートとして三次元に見せることが大切な仕事だと感じています。「森と光のファンタジー」という作品は、ナチュラルクラフトでつくる立体作品・瞑想ポエム（文字）・塗り絵・マンダラ・キャンドルと、今後も少しずつ増えていきます。

私は森のアーティスト・Audrey

私は森のアーティスト・Audrey《オードリー》。「ナナイロの森」に棲む精霊たちのイメージとメッセージを、インスピレーションで受けとり、いろんなかたちで表現し、見る人を高次元の森へとつないでいます。

私の作品は10色（白・黒・赤・オレンジ・黄・ピンク・緑・青・紫・レインボー）をテーマにしています。

色は、私たち人間の命の生命エネルギーをサポートしている存在です。

地球に存在する虹や太陽などの自然エネルギーが、私たち人間のチャクラ（人間の生命や肉体、精神の働きをコントロールする、エネルギーの出入り口）や潜在意識にパワーを送ってくれ、色のエネルギーが生命エネルギーをサポートしています。

色は、生命をサポートします。

人間がある色を無意識に使ったり、好きな色の服を選んだり、目にとまりやすい色があったりするのも、意味があることなのです。

9つのチャクラと色の交信

そして、その色の意味は、私たちの身体と、身体の外にある生命エネルギーのポイントである9つのチャクラと深い関係があります。

9つのチャクラとは、

・第0チャクラ、第1チャクラは地球に向かって
・第2〜第6チャクラは身体の前後で漏斗《ろうと》のようなかたちをして
・第7チャクラ、第8チャクラは宇宙に向かって

　エネルギー（気）が出入りしています。

　チャクラはそれぞれの周波数に合った生命エネルギーを取り込み、チャクラが回転している状態は、人の感情、思考、表現などの心の状態により揺れ動いています。

　チャクラは互いに密接にかかわり合いをもっています。身体のなかにある7つのチャクラは、太陽のプリズムと同じ七色の光を放っています。それはチャクラが光のエネルギーを取り入れているということです。

　チャクラを通して太陽光をバランスよく取り入れることが、心と体を健康に保つことにもつながります。

　私のアトリエに訪れるエネルギーアートセラピーのクライアントには、まず、この『森と光のファンタジー』のナナイロの森の精霊の作品を好きに選んでいただき、そのテーマ色と意味をインスピレーションで伝えています。

　多くのクライアントとの個人セッションでは、クライアントの選んだ色とかたちから、現在のエネルギーや潜在意識をリーディングします。それを伝えていくと、みなさん現在のエネルギーや潜在意識を実感していきます。

　だからこそ、あなたの気になる色の意味は、私たちの心身の状態とチャクラの意味と関係が一致し、つながることで、切っても切れない深い関係になっていくと確信をもっているのです。

瞑想クライアントからの感想

＊精霊の森は、とても心地がよく、愛のエネルギーにあふれ、何でも受け入れてくれる温かい場所でした。そのなかに入ると、

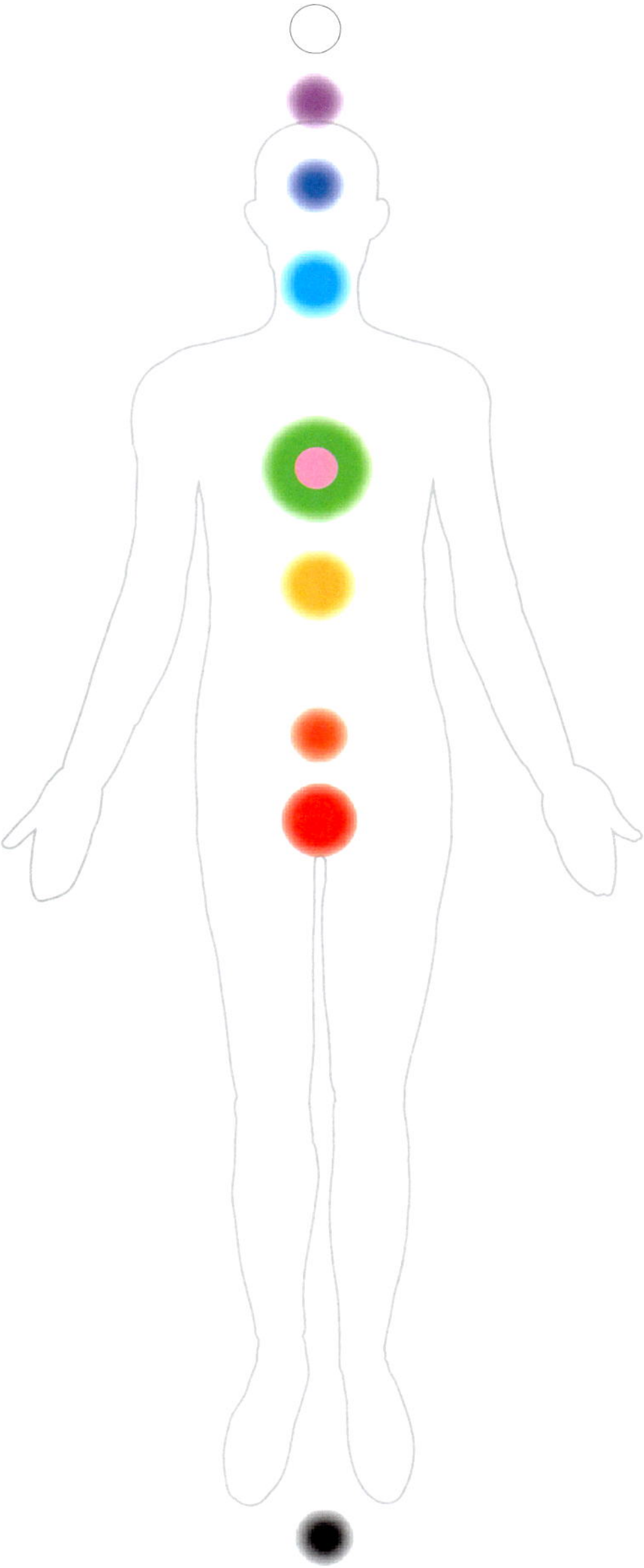

自分が癒《いや》しと心の浄化を求めているということがよく分かりました。帰宅してからもその森を思い出すと、愛の充電ができると実感しています。（40代女性・Kさん）

＊アニメーションのように精霊たちの楽しい登場シーンから始まり、聞こえてくる瞑想ストーリーとは違ったように、自分流に見えているようでした。黒がテーマの瞑想でしたが、水の精霊、しずくちゃんの大集団が船を漕《こ》いでいたり、嵐の森に繰り出してカラスや黒魔女が登場したり……。まるで映画を見て泣いたり笑ったりしているようでした。黒は強く感じる色ですが、そこには孤独の悲しさや寂しさをひっそり沈めていると思いました。（60代女性・Sさん）

10の瞑想の扉を
開けてみましょう

さあ、あなたも、早速瞑想の扉を開けて、なかへと入っていきましょう。ここからは、すべて「導入＋各瞑想ストーリー＋次元の記憶」の構成で読み進めていくことが大切です。

「音読」「朗読」「読み聞かせ」。どれでも構いません。ゆっくりと瞑想ストーリーを読み進めることから始めてください。

瞑想ストーリー導入

まずは深呼吸し、森の存在を信じましょう。

いまから「母なる地球の愛を感じる森と光のファンタジーの旅」をします。目を閉じると、いつでもあなたのそばに「ナナイロの精霊の森」が見えます。そこは、地球を守る愛の光が満ちあふれた高波動の精霊の森です。その森に入るには、あなたの心の扉を開けることが必要です。

その森には、あなたのイメージで簡単に入れます。森の愛のエネルギーに触れることが、あなたの心を静かに、そして安らかな気持ちにさせてくれることでしょう。

透き通る心で森の存在を信じ、始めに3回深呼吸をしましょう。

1回目は深く鼻から息を吸い、ゆっくりと口から吐き出します。

2回目も同じように深く鼻から息を吸って、ゆっくりと口から吐き出します。

3回目は同様に、鼻から深く息を吸ったら、一度呼吸を止め、苦しくなったら口からゆっくりと吐き出しましょう。

全部吐ききったら、あなたの自然な呼吸に戻ります。

これで、ファンタジーの森に入る準備ができました！

まずはあなたの心のなかにある「愛と勇気の鍵」を探してください。その鍵は、その森に入る扉の鍵です。あなたの心のなかに必ずあります。

その鍵を使い、ファンタジーの扉を開けて、なかへと入っていきましょう。

瞑想ストーリー1

白のエレメンタル

ここは、森と光のファンタジーワールド「白の世界」です。とてもきれいな青空です。キラキラとした太陽がまぶしく輝いています。白い雲もふわふわと浮かんでいます。

緑の香りがする風も、あなた

の体を抜けるようにさわやかに吹いています。

　青い空と白い雲、そしてキラキラ太陽のハーモニー。この地球の空には、ユニコーン・風の精霊・雲の精霊、そして天使や白龍が駆けまわっています。

　その精霊たちは、すべて白の精霊たちです。まず空のエネルギーを感じてみましょう。どうですか？　ちょっと心がワクワクしてきませんか？

　風の精霊と雲の精霊「ルル＆ララ」は、空を歌いながら駆け抜けています。風の精霊ルルはルルル……と歌い、雲の精霊ララはラララ……と歌って、空を清々しいエネルギーにしています。あなたも一緒に歌を歌い、楽しい心になりましょう！

　今度は天使が空に舞い上がりました。空が淡いピンク色に染まり、白い雲がふわふわと羽根のかたちになっています。たくさんの天使たちが真っ白な羽根を広げ、空を飛びまわっています。その優しいふわふわとした白い羽根のような天使の愛のエネルギーを、心で感じてみましょう。

　いつのまにか、空は夜になっています。空にはキレイな満月がのぼっています。大きな龍が、らせん状に月を行ったり来たりしているのが見えます。

　お月さまの光が白龍の鱗《うろこ》を光らせ、白龍は遠くから見ると、キラキラと銀の龍のようです。白龍は、お月さまの癒《いや》しのパワーを地球に届ける仕事をしているようです。龍が空を駆け抜けるとき、うろこ雲がまっすぐに伸びるのです。月に照らされたうろこ雲に、白龍の空はとても神秘的で雄大です。あなたはこの夜空を眺め、大きな愛と勇気を受けとることでしょう。

　さて、夜が明け、朝になります。精霊の森の空遠くに海が見えます。キレイな朝日が水平線からのぼります。あなたも朝日

を眺めてみましょう。地球の朝日は、あなたに元気とパワーをくれます。

精霊の森からユニコーンが飛び立ちました。ユニコーンの飛ぶ軌跡《きせき》が白い雲の大きなアーチになります。白いハトもいっせいに飛び立ち、世界中に愛と平和を伝えています。

ユニコーンは私たちがより純粋で美しくあるように、頭の角から渦巻き状の白いエネルギーを送り、地球のすべての人々を見守っているのです。そして、あなたがそれを心で感じるとき、純粋な愛のエネルギーで心を清めることができます。さあ、ユニコーンのエネルギーを感じてみましょう。

地球の空はとても広く、大きく美しいものです。宇宙から見た地球を感じてみると、天使や白龍、そしてユニコーンたち精霊のエネルギーが、まあるく地球の空を覆いつくし、すべての人々へ母なる地球から愛のメッセージを送っているのです。

だから、私たちはありのままで地球に愛されているのです。愛されているからこそ、自然と空を見上げるのです。

瞑想ストーリー２

黒のエレメンタル

ここは、緑の森。月明かりもなく、暗い新月の夜です。精霊の森の中心にある緑の森の大きな木『ココロちゃん』は、精霊の森を見守る樹の精霊です。ココロちゃんは、枝や根が手足のように動き、木でできたオカリナを吹いています。静かな癒《いや》しの音楽が、夜の森に流れていま す。

ところが、その静けさを破るように、ココロちゃんに黒い影が忍び寄ります。

静かに流れていたココロちゃんの吹くオカリナの音色が、ピタリと止まりました。そして「カア、カア～」とカラスがどんどん増えていきます。ココロの木の葉っぱが黒くしおれていき、その枝に空からやってきた黒魔女とカラスが止まり、黒の魔法で森の影を増やしていきました。

黒魔女は、暗闇にまぎれ、ねたみと憎しみ、そして悲しみという心の闇に、黒の魔法の呪文をかけます。

黒魔女は、森のココロちゃんを助けようとする雲の精霊ララ、風の精霊ルルにも黒の魔法をかけました。雲の精霊ララは、みるみるうちに黒く吹き荒れる嵐となり、風の精霊ルルもドロドロと大きくうねる暴れ雲となっていきました。

そして、森の空を覆いつくし、ナナイロの森は大嵐となったのです。

緑の森の精霊たちは、その恐ろしい様子に木の下やそれぞれの家に隠れ、ブルブルと震えながらも「ココロの木が早く治りますように……」と祈りました。

ピンクの森の天使たちは、この雲行きをいち早く察知し、空高く舞い上がり、大嵐となったナナイロの森を高い宇宙《そら》からなんとか鎮めようと「愛と平和の祈りのパワー」を送っています。

その天使の「愛と平和の祈りのパワー」は、風の精霊ルルの心に届き、涙を流し始めました。大粒の涙の雨は、浄化の雨です。その雨を浴びて雲の精霊ララも落ち着いてきました。そして浄化の雨はどんどん黒の魔法を溶かしていったのです。

黒の呪文を唱えていたカラスも、なぜか身体の黒色が溶けて白くなっていきました。黒魔女も雨でびしょ濡れになり、黒いドレスが白くなっていき、「これでは魔法が使えなくなる！」と空へひとり逃げていきました。

たくさんの雨が降り、大泣きしていた雲の精霊も落ち着き、嵐も止み、元通りになって静かな森の朝がもどってきました。雨は上がり、空は晴れてきました。

　黒いカラスは白いハトになっていました。実は、カラスは白いハトだったのです。

　ハトは心に愛が欠けていて、仲間と喧嘩ばかりしていました。その心の闇に黒魔女が入り込み、魔法をかけてカラスにしていたのです。

　カラスになったハトたちは、後悔して生きていました。しかし、なかなか黒の魔法は解けず、もとの白いハトに戻れなかったのです。

「愛と平和の祈りのパワー」で黒の魔法を解かし、元に戻った白いハトは、ココロちゃんに誓います。

「これからは美しい心をもち、愛を輝かせて生きます！」

愛を輝かせることが安らぎとなり、平和への道をつくることを世界に伝えるために……。空にたくさんの白いハトがいっせいに飛び立ちました。

いつのまにか、あなたの心にかかった黒の魔法も霧が晴れたように解けていきます。あなたの心に愛の光が差し込み、闇が小さくなっていったのです。

あなたの心は光と愛を取り戻せましたか？

さあ、ゆっくりと、本来のあるがままの光が心からあふれていることを、感じてみましょう。

瞑想ストーリー3

赤の森

ここは、高次元の精霊の森「赤の森」です。赤の森には赤いハートの葉っぱがいっぱいついた、大きな赤い木があります。

少し湿った森で、木の下に小さなプチプチきのこが住んでいます。プチプチきのこちゃんは、「愛の精霊」です。きのこちゃんの傘がナナイロに分かれていて、色別のきのこちゃんが家族で小さな家を建て、大きな赤い木のまわりに村をつくり、住んでいます。

プチプチきのこちゃんは、朝になると赤い木に行き、その木のお家で仕事をします。赤いハートの実のなかに、自分の傘の愛の胞子を詰め、地球に愛を飛ばす仕事です。

赤い木には、七色の中身が分かれた赤のハートの実が、赤い木とつながってフワフワと浮かんでいます。少しずつ大きく膨らむと、風船のように空に放たれ、とてもキレイです。

この実は、世界中の人間たちに愛のパワーを贈る愛の種です。

赤い木の幹には小さな赤いドアが一つと、七色の小さな窓が7つあります。その小さなドアを開けて、なかに入ってみましょう。

どうやら、小部屋は7つに分かれているようです。

小人ひとりがようやく通れるくらいの天井です。低く狭い階段と廊下がらせん状に続き、ところどころに赤いドア、オレンジのドア、黄色のドアと七色の部屋に分かれているようです。

ドアには小さな窓がついているので、お部屋のなかをのぞいてみましょう。

赤の部屋には暖炉があり、その暖炉からハートの実につづく管が出ています。小さな赤いきのこが自分の赤い胞子をその管に入れて、ポンプで送る仕事をしています。

その胞子がいっぱいになると、赤い実は空に放たれ、私たち人

ぷちぷちはうす

間のところへ飛んでいくのです。

オレンジの窓の部屋には、オレンジちゃんがいます。イエローの窓の部屋には、イエローちゃんがいます。それぞれの色の部屋にいるきのこが、ハートの愛の実をつくる仕事をしています。

愛の実の赤は「より深い人間愛」を、オレンジは「信頼し、信頼される愛」を、イエローは「オーラを輝かせ愛されるように」、ピンクは「優しさがあふれた愛」を、青は「キレイな心で愛せるように」、緑は「愛が調和するように」、紫は「愛の特効薬」としてつくられているのです。

愛の実は空へ放たれたあと、必要な人へ引き寄せられるように飛んでいき、コツンと私たち人間にぶつかると、その働きをします。

赤の森は、かわいいきのこの「地球の素敵な愛の製造所」です。あなたはどんな色の実があったらいいなと思いますか？

瞑想ストーリー4

オレンジの森

ユニコーンが迎えにきています。あなたを背中に乗せてオレンジの森へ連れていってくれます。さあ、ユニコーンに乗ってみましょう。

ユニコーンは軽く空を飛び、あなたを安全にオレンジの森へと運びます。空を飛ぶのも、ちっとも怖くありません。ユニコーンはとても静かに飛び、あっという間にオレンジの森の入り口に降りました。

ユニコーンは静かに舞い降りたのに、すでに森の精霊、ゴブリンが大歓迎してくれています。ゴブリンたちはとても耳が大きく、小さな音もよく聞こえるようです。その大きな耳で森のできごとをひそかに聞いています。

鼻も大きいのでいろんな匂いをかぎ分けています。髪はボサボサに伸び放題、小さい体のわりに、手足が大きいのが特徴です。おしゃべりをしていますが、ゴブリン語で話しているので内容は分かりません。でも、それも、森の秘密を守るためのようです。

　さあ、ゴブリンたちに囲まれ、オレンジの森を歩きましょう。オレンジの森には、オレンジ色の葉っぱと実がなっている木がたくさんあります。木の下からオレンジの木を見上げ、森を感じてみましょう。オレンジの実を食べてみるのもいいでしょう。

　ゴブリンの家に着きました。ゴブリンは大きく太い幹や、根

のオレンジの巨木の下に棲んでいます。オレンジ色の土でできた家の屋根に、緑がうっそうと茂っています。かわいい木のドアを開けてなかに入ってみましょう。

木製のちょっと小さなテーブルと椅子が7つ。テーブルにはおいしそうな食べ物がいっぱいあります。ゴブリンたちはとっても食いしん坊で、とくに甘いものが大好き！　さあ、ゴブリン特製「オレンジの魔法ケーキ」が出てきましたよ。ゴブリンたちがあなたの顔を静かに見つめ、「食べて」といっているようです。一口食べてみてください。おいしいですか？

あなたが食べると、ゴブリンたちがうれしそうににっこりしました。そして気がつけば、ゴブリン語が分かるようになっていたのです。これが、魔法のケーキの効果です。

ゴブリンは、森の守り人。それぞれのゴブリンが色別に七色の服を着て、その洋服の色の森を見守っています。森に何か起こると、いち早くピンクの森に棲む天使たちに知らせるのがつとめです。

さて、ゴブリンたちはそれぞれの森を見守りに出かけていきました。ゴブリンたちを見送りましょう。

瞑想ストーリー5　黄色の森

　ここは、黄色の森。「光の森」です。黄色の森には黄色の木がたくさんあります。上を見上げると、透きとおるような黄色の葉っぱがたくさんついています。その葉っぱの向こうに、黄色の太陽がさんさんと輝いています。

　さあ、この不思議にキラキラとした黄色の森をまずは歩いてみましょう。

　ふと足もとを見ると、かわいい色とりどりのきのこがいます。たくさん空を見上げていますよ。きのこたちは太陽の光を充電中です。

　下を見たあなたときのこたちの目が合い、お互いにっこりと笑います。きっと、きのこたちと仲よくなれることでしょう。

今度はそのきのこたちの高さまでしゃがみ、一緒に太陽の光の温かさを感じましょう。とてもぽかぽかと温かくなり、あなたの心のなかまで温かさに包まれるようです。

この太陽のエネルギーを感じて、ほっこりしてみましょう。あなたにも、きのこたちのように光の充電が必要かもしれません。

太陽は沈むにつれ、オレンジ色に変わり、地平線に沈みました。あたりは暗くなりました。

また、ふとまわりを見まわすと、きのこが光っています。

きのこたちは、夜は大地に根を下ろし、大地のエネルギーを充電しています。


太陽のエネルギーと大地のエネルギーの両方を使い、森を明るく照らします。点々と森の道をずっと向こうまで、光の案内人として夜の森を照らしているのです。あなたが森を安全に歩けるように、愛の光を灯し、導いていいます。その光を辿っていきましょう。

きのこの家に着きました。大きな傘が光る、きのこたちのお家です。窓から灯りがもれ、とても温かいお家です。

ドアを開けて、なかに入ってみましょう。かわいいきのこ型のベッドやテーブル、椅子があります。きのこたちが料理をつくり、もてなしてくれています。

きのこスープに、きのこご飯。


すべて森のきのこづくし！　きのこたちとのおしゃべりも弾み、夜が更けていきます。

あなたも光るきのこたちと一緒に、眠りにつくのもいいかもしれません。しばらく静かに心を休ませましょう。

朝になりました。鳥の声が聞こえてきます。

きのこたちの家を探してみましたが、きのこたちはすでに森に出て、太陽の光りを充電中です。あなたは、光るきのこたちに一宿一飯《いっしゅくいっぱん》のお礼を伝えます。

そしてきのこたちも、昨日と変わらず、太陽とあなたを見上げながら、「ありがとう〜、またね〜〜」と手を振っています。

「また会いましょう!!」

瞑想ストーリー6

ピンクの森

2人の天使があなたを迎えにきました。いつのまにか、あなたの背中にも白い羽根がはばたき、天使と手をつなぎ、空を飛ぶことができるようになっています。

さあ、ゆっくり飛び立ちましょう！　天使が手を添えてくれているので、心配いりません。

ピンクの森に着きました。天使とあなたは静かに舞い降ります。

ピンクの森は、ピンクの花の香りで癒《いや》される、優しいエネルギーが流れる愛にあふれた森です。森には、ピンクの花がいっぱい咲いています。むせ返るくらいの甘い香りですが、心は癒《いや》されます。

ピンクの森の木は、すべてピンク色のハート型の葉っぱです。そして、ハート型の透明なピンクの実がたくさんぶら下がっています。その香りを嗅ぐと、あなたの心は愛であふれます。

しばらくこの森を自由に、花の色と香りを楽しみながら歩きましょう。

ピンクの並木と花の小道を歩いていきます。ピンク色の木と花を見ているだけで、心は愛でいっぱいになり、幸せな気持ちになります。

少し先に天使のお家が見えてきました。今度はそこへお邪魔してみましょう。

天使の家は真っ白で、屋根はピンク色のハート型です。庭にはガーデンテーブルと椅子が置いてあります。

天使と一緒に花の香りがいっぱいの庭で、お菓子を食べたりお茶を飲んだり……。しばし天使とのおしゃべりを楽しんでください。

家のなかにも入ってみましょう。素敵な白い家具が置かれてあります。

天使たちは静かに羽根を休め、気づけばカジュアルなふわ〜っとしたドレスに着替えてくつろいでいます。あなたのドレスも用意されているので、さっそく

着てみましょう。

夜になりました。ハート型の深いベッドで、自分の羽根で体を包むように眠りましょう。あなたも一緒に眠りにつくのもいいかもしれません。

しばらく心静かに休みましょう。

瞑想ストーリー7　青の森

　天使があなたを青の森へと案内します。天使たちと一緒に森を歩きましょう。まわりにはたくさんの天使が集まり、あなたは心が落ち着くでしょう。そして涙もあふれてくるかもしれません。

　緑の森の向こうに、青の森の青い木と湖が見えてきました。青の森の木は、大きなしずくのかたちをしています。

　さあ、青の森につきました。青の森は、浄化と地球の水の源です。深い悲しみや疲れを癒《いや》してくれます。

　青の森は、大きなパワーを秘めています。すべての地球の命の源となり、命のかたちをつくりだします。

流れる水は木々を潤《うるお》し、ナナイロの森から海へと流れだし、地球全体に豊かさをもたらしています。

青い木の青さはより深く、ロイヤルブルーです。そして、宇宙のようにキラキラと輝き、星空のようにも見えます。

空から雨が降ると、その木の色を青く溶かし、青いしずくが落ちています。そのしずくがポチャンと落ちると、地球の水の源「水の精霊しずくちゃん」となるのです。

青の森の湖には、真っ白な羽のついた舟が浮かんでいます。さあ、その舟に乗って寝てみましょう。

青の森は夜になっています。しかし青の木の輝きが月明かりを反射させ、森をキラキラとちょうどよい明るさに照らすのです。

たくさんの妖精たちが舟の上を飛び、空には紫色の癒《いや》しを放つお月さまが見えます。満天の星空も見えます。その光景を楽しんでください。

しばらくすると、青の森の人魚の静かな高い歌声も聞こえてきました。

紫色のお月さまも、満天の星空も、空を飛ぶ森の妖精たちも、水の精霊しずくちゃんも、そしてあなたも……。青の森の人魚の「心に響く静かな歌声」を聴いて癒《いや》されるのです。その歌が、あなたを癒《いや》してくれているようです。

さて、水の精霊しずくちゃんが、なにごとかとあなたの舟に集まり、のぞいています。しずくちゃんが、舟にロイヤルブルーの水を溜《た》めているのです。

その舟のなかで、あなたはふんわりと浮かびます。あなたの心は不思議と軽くなります。

さあ、地球の精霊たちにお礼をいいましょう。

「ありがとう」

きっと、精霊たちや青の水が、あなたを浄化し、癒《いや》してくれます。

「ありがとう」

もう一度祈りましょう。

あなたの感謝の気持ちは、あなたの心から光を放ち、母なる地球に届くことでしょう。

瞑想ストーリー８

緑の森

　今度は緑の森に歩いて入りました。緑の森は、文字通り緑でいっぱいです。クローバーやタンポポが足もとにたくさん咲いています。草むらが広がり、ところどころには緑の木々もあります。

　耳をすますと、草むらのなかから声が聞こえてきますよ。少ししゃがんでみましょう。

　おや？　草のかげから小人《こびと》たちがあなたを見ています。黄緑色の帽子とかわいい服を着た精霊たちです。

　その精霊の名は「エルフ」。薄い羽が背中にあり、片手に魔法のスティックをもっています。キラキラして、とってもかわいい小人《こびと》の精霊です。

　もう片方の手でハート型の長い茎の葉っぱを振り、歌を歌いながら草のかげを歩いています。

　空を見上げてみると、飛んでいくタンポポの綿毛の下に、タンポポの精霊「ポポちゃん」があなたに手を振っているのが見えませんか？　ポポちゃんは、タンポポの綿毛をつかみ、空を飛び、森の精霊たちへ手紙を運んでいます。

　また、足もとから歌声が聞こえてきました。今度は太い声でちょっぴり音程が外れた歌声です。緑の帽子をかぶり、白いひげを長く伸ばしている小人《こびと》も見えます。

　その小人《こびと》は「ドワーフ」と言います。ドワーフは森のきこり。斧と金づちをもっています。大きな声で、やはり歌を歌って歩いています。どこへ行くのでしょう？　小人《こびと》たちのあとをついていきましょう。

　緑の森の真ん中にある大きな巨木に辿《たど》りつきました。その木はふっくらとして、緑のハート型の葉っぱがたくさんついています。その木の名前は、「ココロちゃん」といいます。ナナイロの森の大の精霊です。木のまわりを歩いて太い幹に触ってみてもいいですし、少し離れて全体を眺めてみるのもいいでしょう。

大きな木の下に入り、枝や葉に触れ、木の香りを楽しみましょう。抱えても抱えきれないほど太い木の幹を抱きしめてもいいかもしれません。

充分に楽しんだら、大きな木の下で、ココロちゃんに背中を預けて座ってみましょう。

空を見上げると、風の精霊ルルが「ルルル、ルルル♪」と歌いながら吹きぬけていきます。雲の精霊ララは、その歌にあわせて空を浮かびながら踊り、魔法の杖のような葉っぱでキラキラと雲をつくっているのが見えます。

緑の森の空には、青い鳥がすいーっと飛んでいます。精霊たちの歌う風に乗り、小鳥たちも合わせるように「ルルル、ルルル♪」と飛んでいます。

青い鳥は「ナナイロの森」のキレイなハート型の実をくわえ、どこかへ運んでいます。風がそよそよと葉っぱをゆすり、あなたの頬を撫でます。

風にも香りがあるようです。大きく深呼吸をして、緑の風の香りを楽しみましょう。

さて、緑のココロちゃんは、幹の真ん中に丸い穴があいてい

ます。穴をのぞいてみると、ハートのローズクォーツがあるのが見えます。

ココロちゃんは枝や根っこが自由に動き、葉っぱのついた手のような枝でオカリナを楽しく吹いています。大きな木は揺れ、歌います。あなたはその大きな木にもたれながら、ココロちゃんに話かけてみましょう。

話しかけるのは、楽しいことやうれしいことはもちろん、つらかったこと、悲しいことでもよいかもしれません。大きな木は動く枝であなたを抱きしめ、話を聞いてくれるでしょう。

そして木は、何も語らずとも優しく愛を贈り、慰《なぐさ》めてくれるでしょう。楽しいことやうれしいことは一緒に笑い、そして歌います。つらかったことや悲しいことは一緒に悲しみ、泣いてくれます。大きな木には心があります。足もとにいるあなたを上からながめ、癒《いや》そうとしています。

四葉のクローバーが揺れています。実はこのクローバーたちは、風に揺れているのではなく、風の歌声や小鳥の唄を聴いて、自分で揺れているのです。それもみんな同じ方向にそろって揺れています。

緑の森では、いつも音楽が流れ、森の動物や草花たちが大合唱しています。音楽の波動が緑の森全体の波動を高く保ち、植物や精霊や動物たちみんなが美しく調和しています。

そしてココロちゃんのオカリナや精霊たちの歌声は、森の植物を元気に成長させ、動物たちを楽しませます。

あなたにも、この音楽が聞こえてきませんか？

緑の森に夜が訪れました。ココロちゃんのオカリナと風の精のハミングで、夜も静かな音楽が流れています。動物や草花たちも眠りについています。

静かになると夜の森の風、そして風にそよぐ木々の音。青の森からの水の流れの音も聞こえてきました。

その森の空に広がる星空を見上げながら、夜の静けさとおだやかさを感じてみましょう。

瞑想ストーリー9

紫の森

最後は紫の森へ入りましょう。紫の森は癒《いや》しの森です。心が癒《いや》しを求めているときや疲れているときは、紫の森へ入るといいでしょう。

紫色に輝く満月の夜。どこからかナナイロの森の精霊たちの祈りの歌が聞こえてきます。森のあちらこちらにアメジストの原石が月明かりに照らされて、キラキラと癒《いや》しの光を放っています。

紫の森には紫色の木がたくさんあります。その木には透きとおるきれいな紫色の実がなっています。森の動物や精霊たちは、そのハートの実の液を、森の栄養ドリンクとして飲んでいます。その実の液を飲むと、ど

chiko

うやら元気になるようです。あなたも一つつまんで、実に穴をあけて飲んでみてください。ブドウジュースや、ひょっとしたら、ワインのような味がするかもしれませんよ。

　さて、この森の奥に進みましょう。奥にほんのりと明かりのともった家が見えます。そこは、紫の魔女の家です。

　紫の魔女は、夜の森に棲んでいます。紫の魔女はちょっぴり意地悪ですが、森や精霊への愛にあふれています。

　彼女の仕事は、ナナイロの森の薬屋さんです。先ほどの栄養ドリンクも彼女の魔法でつくっていたようです。

　満月の夜、青の森から流れてきたロイヤルブルーの水を汲《く》み、アメジストをその水に入れてお月さまに照らすムーンウォーター。紫の魔法を少し加えて完成させます。

　そのドリンクは、「ルビルビ」といいます。飲むとなぜか「ルビッルビッ」と言ってしまいますが、飲めばすぐに元気になる魔法の特効薬です。ビンのなかに、紫の森に咲くお花や木の実、キラキラしたものなど、不思議なものがたくさん入っています。ぜひ飲んでくださいね。

　魔女の家には不思議な色をした不思議なビンがたくさん並んでいます。ほかの薬もいろいろあります。ちょっとおもしろいので、ゆっくり見せてもらってください。紫の魔女は光の魔法使いですから、大丈夫。心配いりませんよ。

　さて、紫の森は、祈りの森でもあります。新月の夜になると、光るきのこが森の案内人。暗い夜の森には動物や精霊たちが集まります。そして、地球の愛と平和を静かに祈ります。新月の紫の森には、特別に願いがかなうパワーがあるようです。

「地球が愛と平和で光り輝きますように」

　あなたも、あなたの願いと平和を一緒に祈りましょう。

瞑想ストーリー10 レインボーの街「ナナイロタウン」

ここは、ナナイロの森のある大きな島の人間たちの街「ナナイロタウン」。母なる地球・精霊の森が完成し、色の調和で満たされた街です。

人間たちは、ナナイロの森の入り口に青い屋根の家を建てて住んでいました。

地球の空は、クリアに青く、その澄んだ青さに白い雲がプカリプカリと浮かんでいます。海はロイヤルブルーの青さと太陽の光がキラキラと輝き、イルカやクジラやマーメイドが気持ちよさそうに優雅に泳いでいます。

風の精霊ルルがナナイロの精霊の森の空と同じように軽く飛び、「ルルル……、ルルル……」と気持ちよく歌を歌っています。

精霊たちと暮らすこの人間には、精霊の姿を見ることができました。ナナイロの森からやってきた幸せの青い鳥も、ナナイロタウンの空をスイスイと飛びまわっています。

人間の家はすべて青い屋根で、まあるい窓があります。青い鳥が精霊の森のナナイロの木になるハートの種をくわえて、巣に運んできました。

青い鳥は巣のなかで種を食べています。青い鳥がいる家は、清々しい空気が流れ、家族の幸せな笑い声や歌声が聞こえてきます。

人間は、ナナイロの木を大切に育て、その実を食べています。ナナイロの木は精霊たちの森から青い鳥が種を運んでくるので、人間が家のまわりに植えていったのです。

ナナイロの種は、とても不思議な味と効果があります。ハートに愛があふれる赤の種、フルーティな味のするオレンジの種、パワーと元気が出る黄色の種、花の香りがするピンクの種、水の代わりになる青の種、友だちに分けてあげたくなる緑の種、病気が治る紫の種。

人間が植物をいただくときは、感謝の心でいただきます。青い鳥の卵もいただき、ムダに多くを採ろうとはしませんでした。

大切な命をいただくことに感謝し、人も鳥も木も動物も、心を分かちあい、必要な分だけ与えあって助けあっています。

必要な色の種が必要な人のところに届いたので、必要な色の木がその人の家のまわりに育っていきました。そしてナナイロの森の近くに、ナナイロの木とともに生きる人間の街がつくられていき、ナナイロタウンと名づけられたのです。

しかし人間たちは、すぐそばにあったナナイロの精霊の森の奥深くには、なぜか入れませんでした。それは、精霊たちと人間たちの愛の波動が異なっていたからです。けれども森のそばで、その精霊の姿を見ることができました。

それがいまは伝説となり、語り継がれているのです。

人間たちの青い家はどんどん増えていき、たくさんの家を建て、ナナイロの精霊の森から離れていき、人間たちだけの街をつくって大きくなっていきました。

そのうちに、「森とともに生きること」「命をいただいて分かちあうこと」を忘れていったのです。

ナナイロの森から逃げた黒魔女を思い出してください。あの黒魔女は、人間たちの心の闇に入り込み、光を心の扉に閉じこめ、見えなくなる魔法をかけていったのです。鳥や精霊、自然との共存生活、ときには愛さえ忘れる魔法でした。

そして長い年月が経ち、ナナイロの森の存在も忘れさられていきました。ただ、人間たちの街に植えられた木や植物たちだけは覚えていて、人間たちが忘れないよう、すぐそばで愛を贈り、ときには心を癒《いや》し、地球の叡智《えいち》を保っているのです。

遠い昔の地球が、戦争もない平和で純粋な白いエネルギーが流れていた頃の物語です。

ナナイロの森の空には、ユニコーンたちが空を渡り、虹の架け橋をつくっています。いまでも虹は、私たち人間とナナイロの森をつなぐ希望の架け橋です。虹を見ると私たちは、魂のどこかに記憶しているナナイロの森のことを思いだすのです。

瞑想ストーリー『まとめ：次元の記憶』

いま見た風景で、あなたの居心地の良い場所を思い出し、心のカメラで写真を撮ります。

まず、どの色のどの風景が良かったか思い出してください。

そしてあなたはイメージのなかで、その風景をカメラで撮影します。

そうするとあなたは、この高波動の森や自然のエネルギーにアクセスすることになり、波動の記憶を心に残し、いつでも居心地の良い風景に入ることができ、癒《いや》されるのです。

まずは、風景を思い出してください。

カメラを構えて。

では、その風景を撮りましょう。

もう一度、

カメラを構えて。

では、撮りましょう。

では、現実に戻ります。

3回大きく深呼吸をします。

1回目は鼻から息を吸って、

口からゆっくりと吐きだしましょう。
2回目も同じように鼻から息を吸い、ゆっくりと口から吐いていきます。
最後は鼻から大きく息を吸って呼吸を止め、苦しくなったら息を口から大きく吐き切りましょう。
自然な呼吸に戻してあなたの気持ちを自分の心に向け、落ち着いたらゆっくり目を開きましょう。

塗り絵で楽しむ瞑想の世界

今、あなたが必要としているテーマカラーがわかります

さあ、ここからは塗り絵を楽しんでみましょう。なぜ、瞑想から急に塗り絵？　と思うかもしれませんが、私は瞑想とアートを融合させた「エネルギーアートセラピー」を、瞑想セラピーとして提供しています。これは、無意識に使う色やかたちから、自分のエネルギーを感じ取っていただくためのワークで、このアートワークをすることで瞑想と同じように無になり、集中することができると考えたからです。

私たちは常に思考して頭を動かし、考えすぎることで、本当の自分が見えなくなっています。そのためにもいったん考えることを手放し、ワークに集中することで、自分の声が聞こえてきます。また、作品という見えるかたちがあることで、信じる心もサポートできます。

エネルギーアートセラピーには、ナチュラルクラフト・マンダラ・キャンドル・塗り絵があり、参加者はこの中から自分に合ったアートワークを選びます。本書では塗り絵を取り上げて、瞑想と同じように、みなさんに自分のエネルギーを知っていただく体験をしてもらいます。

①レインボー

まずは、①のレインボーのナナイロの精霊の森を塗ってみましょう。自分が好きと感じる精霊や、自分がここにいると感じた場所が、あなたの今の自分の色です。

・女神、クジラ、イルカ、雲、星……白
・火山の山や大地……黒・茶
・きのこ、火山……赤
・ゴブリン……オレンジ
・きのこ……黄
・天使……ピンク
・イルカ、虹、海……青
・ドワーフ、エルフ、大きな木、葉っぱの精、ヤシの木……緑
・空飛ぶ魔女……紫
・虹……レインボー

実際にこの①の塗り絵全体を塗ってみてから、いまの自分の色を考えて決めるとよいでしょう。全体の色が見えていると、印象が違って見えます。

そして、塗り絵を完成させてからその絵をよく見て、自分はこの塗り絵の中のどこにいるのかな?」と問いかけてみてください。そして「この精霊が私」と感じたり「ここに自分がいる」という感覚を掴んでいきましょう。また、この①のレインボーの塗り絵以外、「塗り絵②～④」が気になる方は、そのエネルギーをあなた自身が潜在意識（無意識）のアンテナで拾っている証拠です。

この塗り絵では、もし、この色の中で気になるテーマの塗り絵があれば「その色はあなたの潜在意識とつながっている」と解釈します。

塗り絵は、本書では、①～④を掲載しましたが、①虹色（レインボー）、②黒〈茶〉、③赤、④黄、⑤青、⑥白、⑦オレンジ、⑧ピンク、⑨緑、⑩紫、の計10色で構成されています。

湊 真澄

Audrey ©

テーマカラーの意味

①レインボー（ナナイロの精霊の森）

【テーマ】楽しさ・やる気・自信・楽観・調和・信頼・達成・高波動・バランス・全体性・健康・平和・幸福・良いことの前ぶれ・希望・パワー

　レインボーの塗り絵は、「この精霊は私」と感じたり「ここに自分がいる」と見ることで、今の自分に必要なテーマカラーを知ることができます。

　自分の考え方のクセや傾向、人間関係など、今の自分の人生の全体性やバランス、調和を読みとっていきましょう。

②黒〈茶〉（黒魔女とカラス）

【テーマ】心の闇・不安・恐れ・善悪の二元性・大地とのつながり・分離統合・バランス・光と闇・ネガティブとポジティブ・自己受容・許し・現実化・グラウンディング・安定・ありのまま

　自分のネガティブな思いや苦手な人間関係、家族関係での課題を、自分自身がどのようにとらえ、現実をどう読んだらよいかを読みとっていきましょう。

③赤（プチプチきのこのお家）

【テーマ】家族愛・人間愛・火・太陽・暖かさ・健康・大地からの愛・地のエネルギーの循環・肉体の健康・活力・やる気・ありのままに・自分の居場所・安定・安心・生きてゆく力

　家族関係や他者への愛のあり方を見つめます。また、家のエネルギーがどんな状態か、自分が家にどんな感情を持っているか。また、家族との関係や方向性などもわかります。

Audrey ♥ ©

④黄（光るきのこのお家）

【テーマ】本能・インナーチャイルド・無邪気さ・感情・思考・意志力・個人のパワー・太陽・光・感謝・豊かさ・自分の輝き・明るさ・注目・充電・健康

　戸外での自分の活動や考え方、居場所、人間関係。そして、自分の居場所のあり方・充電の仕方などがわかります。

⑤青（水の精霊しずく）

【テーマ】聴く・話す・自己表現力・他人を理解する・交渉・教える・創造力・コミュニケーション・水の活用・浄化・循環・宇宙・自由・正直さ・静けさ・本質のエネルギー・休息

　心のリセット方法や充電の仕方、現在の流れ、自分のエネルギー循環、休息など、自分をサポートする流れがわかります。

⑥白

【テーマ】純粋な心・高波動・ハートに聞く・ありのまま・センタリング・無垢・平和・高次元の存在とのアクセス・守護ガイドからのサポート・神性の自分の覚醒・感謝

　自分の純粋な気持ちからできること、誰かのためにできる愛のミッションは何かなど、夢の実現の方向性などを見つめます。

⑦オレンジ

【テーマ】自信・明るさ・自己肯定感・社会的成功・生活力・丹田・性的魅力・月・地のエネルギーを活性化させる・地に足をつける・人生の目的・生きる喜び・柔軟性・動き

　現実の生活の中で自分が大切にしている思いや守りたいこと、それらを現実化する流れ、社会での自分の立場や考え方などを知ります。

④ 黄

⑧ピンク

【テーマ】守護・愛・高次の存在・女性エネルギー・やすらぎ・受取・パートナーシップ

　自分を大切にし、自らを愛すること、自分を信じるにはどうしたらよいか、愛を受けとること、自分を愛することで他者も愛せるようになるためのあり方などを知ります。

⑨緑

【テーマ】調和・バランス・自然のチャージサポート・平和・穏やかさ・安らぎ・慈愛・友情・愛情・信頼慈愛

　自分らしく生きるための周囲の人とのコミュニケーションのあり方、自分らしさとは何か、を、人との関わり方から見つめます。

⑩紫

【テーマ】癒《いや》し・健康・ヒーリング・心を見つめる・霊性・高貴さ・精神性・直感・ひらめき・奉仕・宇宙とのつながり・魂の成長・癒《いや》し

　自分を自分で満たすこと、他者があなたのエネルギーを通して癒《いや》される方法、あなたの使命を知り、自分の直観やひらめきがどんなことに役立つのかなどを知ります。

塗り方ひとつで
あなたの今がわかります

塗り絵をするときに大切なのは、好きな絵を選び、楽しく塗ることです。

色数が多いとワクワクするので、色鉛筆やマーカーは、できるだけたくさんの色をそろえるようにしましょう。24色以上あるとベストです。

道具をそろえることで、気持ちも上がります。まずは気軽な気持ちではじめてみましょう。無意識に選ぶ色に意味があるのです。

好きな絵を選んで気持ちを上げ、好きな色鉛筆でワクワクしながら塗る。

このワクワクは、潜在意識のアンテナでもあります。自分がワクワクと感じる道具や環境を用意することは、塗り絵をするときにとても大切です。

　また、色の意味などは全く考えずに塗るのもポイント。無意識に選ぶ色は、潜在意識とつながっていて、意味があります。好きな色で好きなところから塗り始め、好きな塗り方で塗りましょう。どんな色を使い、どんな順番で塗ったか。そしてどんな塗り方をしたか、で、自分を知ることができます。

塗り絵診断（リーディング）

・主役である精霊から塗った人

　自分を大切にしている人です。また、自分のことが大好きで、自分のこともよくわかっている人です。

・背景などまわりの景色や、小さなところから塗った人

　神経が細やかで、まわりに気配りができる人です。他人を思いやり、自分のことはあと回しにする、優しくて愛に満ちた人です。ただ、自分をあと回しにするあまり、時折自分がわからなくなっているときがあります。

・薄い色で優しく塗った人

　薄い色を選んだ人は、心の優しい人です。けれどもやさしい反面、自分に自信がないという人も多くいます。

・濃い色を選び、しっかり塗った人

　濃い色を選び、しっかり塗る人は、自分は何が好きなのかがよくわかっている人です。自分を信頼し、自分の思いで人生を選択できる人です。

・外の枠からかたちをとらえて塗った人

　枠を線引きしてから塗った人や、外枠を濃く塗る人は、全体のかたちを見て動く人です。もしくは、かたちにこだわりがあったり、かたちに表すことが好きなタイプだったりします。これは、現実的に何かをかたちにできる人の証です。けれども、大きなかたちにとらわれすぎて、前に一歩進めないという人もなかにはいるようです。

精霊の体のパーツの色でわかる自分の思考

塗り絵の中のメインに描かれている精霊の体のパーツの色で、今の自分の考えやテーマ、行動がわかります。

どのパーツがどの色か？ の意味は、59ページの「テーマカラーの意味」を参考にしてください。

頭や髪の色、葉っぱの色は、自分の頭で、つまり顕在意識でよく考えているテーマです。そのことをテーマに考えることが多かったり、課題として今、取り組んでいたりしていませんか？ そのパーツを多くの色で塗ってあると、あなたはたくさんのことをバランスよく考えているということになります。

そして手足の色は、自分の行動や作りだす原動力のエネルギーがわかります。色を塗っていない場合は、何を作りだしていいのかわからない、行動できなくなっている、などの前触れともいえます。また、足の色を後で塗る場合も、行動よりも考えることを重視して動けなかったりしていることが多いでしょう。

他者への心の開き方

絵の中の家や木のドア、窓は、そのかたちのエネルギーそのままの意味があります。ドアや窓は心の入り口です。そのドアの色で、どんな色のエネルギーでウェルカムしているか、その家に入るときに自分がそのテーマカラーの意識で入るのかを読みとるのです。

たとえば紫のドアは「自分が家に入ることは癒《いや》し」、ピンクのドアは「自分を大切にできて、自分らしくある家」などです。ドアは自分が入るときの気持ち、窓は家族以外の人を受け入れるとき、どんな気持ちになるかを読みとることができます。

「悩み相談」色を活かしてみましょう

実際のリーディング方法を少し紹介します。

塗り絵をされたクライアントさんとお会いして、会話をしながら診断すると、塗った絵からくるインスピレーションでより深くリーディングができます。その方の悩みや課題、感じていることを塗り絵に問いかけ、色やかたちから見たり聞こえたりしてくる直感を引きだして伝えるのが、塗り絵リーディングの方法です。

みなさんには、色のイメージ力と直感を引きだすワークをすれば、誰にでも簡単にリーディングできるとお伝えしています。

色は、体のエネルギーの入り口、チャクラの色でもあり、必要な色は体と心でつながっています。自分の課題や悩みと感じていることのテーマがわかれば、チャクラの状態とつながり、どの色が必要か、が見えてくることもあります。

たとえば誰にも悩みを打ち明けられないと感じている人は、自分の言葉で誰かに伝えることが課題だったりします。

その場合、青色のエネルギーを持っている第5チャクラを整える必要があります。なぜ、第5チャクラを整えた方がよいかというと、第5チャクラは声を発する喉のチャクラだからです。

声を発する喉のチャクラ＝第5チャクラを整えるために、「青の森」の瞑想をしましょう。

また、意識的にではなく、中には、無意識に青の森の塗り絵を選択している人もいます。

無意識であってもすべてに意味があり、それが色の調和となって、あなたの前に現れています。色の意味をすぐには感じられなかったとしても、ぜひ、あなたの今をサポートする塗り絵アートとして飾りましょう。

自分がその絵を見て、その色を求めなくなったと感じるまで、しばらくは目につくところに飾ります。飾る期間の目安は、だいたい3か月くらい。その間、その色のサポートがあなたの心を整えていくことになるでしょう。

受講生作品

PART 2

ファンタジー瞑想へのいざない

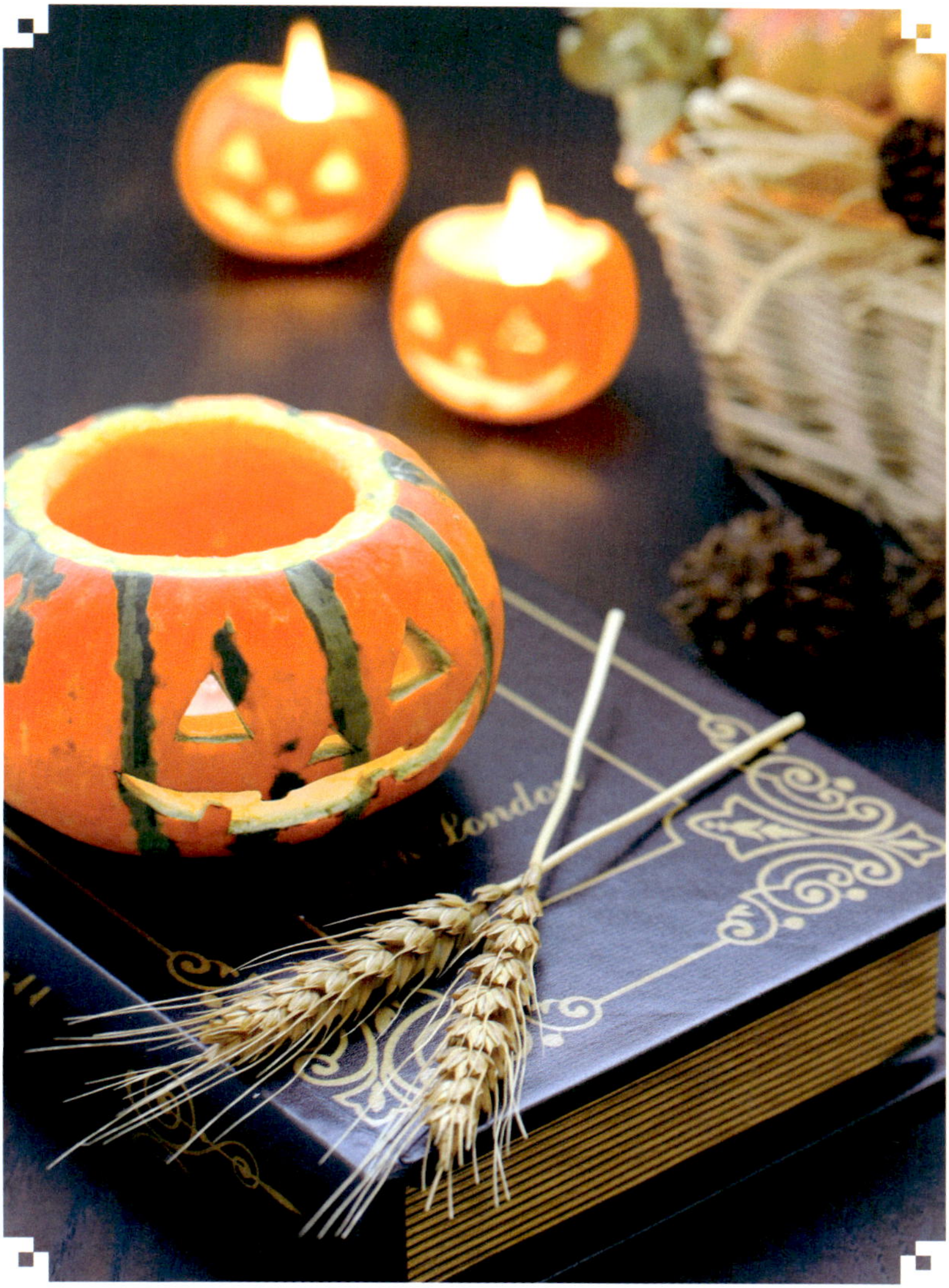

ファンタジー瞑想は
あなたのココロの探検隊

ファンタジー瞑想とは高次元の森との交流

私が提案するオリジナルのファンタジー瞑想は、誰もが簡単に、努力することなくできる瞑想です。地球の自然や精霊の森の風景、登場する精霊たちのビジュアルを見るように、高次元の波動にアクセスすることで、リラックスし、心を落ち着かせ、雑念を追い払い、心を静めていきます。

楽な気持ちで椅子に腰かけ、目を閉じましょう。そして森のアーティストである私、Audreyが高次元とアクセスして書き下ろした「森と光のファンタジー」を、美しい地球や自然のビジュアルを思い浮かべながら目を閉じ、心の中で感じてみます。瞑想するのは10分〜15

分あればＯＫです。

誘導にしたがって、リラックスして心の自然な状態でイメージを感じるだけの瞑想です。ですから難しいことは一切考える必要はなく、努力もいりません。

高波動に触れる体験

誘導瞑想用のストーリーは、Audreyがインスピレーションで高次元の森からイメージを受けとり、書き下したファンタジーストーリーを、誘導瞑想用に作成したものです。

この瞑想には地球の美しい森や海・空・雲・宇宙の星空や太陽・月などをはじめ、「ナナイ

ロの森」に棲む精霊たちが登場します。そして、純粋な愛のエネルギーが入ったワードを誘導に使うことで、瞑想中は至福に満ちた深い安らぎが体験できます。

高波動の精霊たちのストーリーに触れる瞑想により、短時間で脳が休息し、体も心も自然と深く安らぎます。イメージだけで、その自然を身近に感じることでしょう。

近くに自然がない人や、仕事で忙しく、自然の中でゆっくりできない人、雄大な自然のあるところへ行く時間がない人も心配いりません。簡単に、自然界の放つ癒《いや》しのエネルギーを感じ、イメージを描くだけで触れることができるのです。

そして、まとめの「次元の記憶」（52ページ）で簡単に印象に残るシーンを描く（心に撮る）だけで、そのエネルギーにアクセスすることができます。

また、私自身は、瞑想はつねに動いている思考をストップさせ、無になり、心が癒《いや》される時間をすごす休息のツールと考えています。

精霊の森のファンタジー瞑想は、17の小さな物語で構成されています。地球創世のファンタジー物語を、色別のテーマで精霊の森の風景として切りとります。それを、導入（呼吸や身体の力を抜くこと、物語に入りやすいように導くこと）と、それぞれ10色のテーマに分けた物語の本文とまとめ（目を開けたとき現実に戻るよう、導く次元の記憶）で構成しているのです。

それは私に、作品やストーリーで、「母なる地球の自然からの声を伝えなさい」というメッセージがあったからです。瞑想を体験していただいた方からは、読み進めていくうちに「本文だけでうとうとした」「癒《いや》された」という声をたくさんいただきました。

そして、瞑想を読む回数を重ねるたびに、その癒《いや》しの効果とメッセージ性の意味が私にはわかるようになっていきました。

精霊のストーリーで伝えたいことは

最初は漠然と「自然の樹は生きていて、愛を人間たちに送っている」というメッセージでした。しかし、作品が少しずつ増えるたび、私のインスピレーションからくる答えは「地球に精霊たちの存在があることを伝え、私たちは母なる地球、自然現象から、癒《いや》しのエネルギーをもらっている」ということでした。そして今、癒《いや》しのエネルギーとつながることにより、地球に生きる私たちの現実を、よりパワーアップして生きられる、ということがわかりました。

私は、この森と光のファンタジーが描く高波動の精霊の森は、実際に地球に存在し、しかも高次元に存在すると考えています。しかし私たち人間は、三次元に生きているため、次元の違いで見ることはできません。

しかし、まずは瞑想というかたちで目を閉じて、呼吸に集中してファンタジーの物語を聞くだけでも、その高波動の森に簡単にイメージで入ることができるのです。瞑想によって、高次元にアクセスして入ることができるのです。

高次元にアクセスするとは？

私たちは、高波動の振動に触れると愛で癒《いや》され、心がホッとすると、落ち着くとか眠くなる感覚で癒《いや》しが伝わります。

また、自然のエネルギーが温かさや心の響きで伝わり、悲しくないのに涙があふれてくる人もいます。

ファンタジー瞑想と他の瞑想との違い

ファンタジー瞑想は、自然の風景のイメージと、優しい精霊たちが登場する瞑想ストーリーです。子どもから大人まで、ファンタジー映画を観るような感覚で、瞑想に入ることができます。瞑想が初めての人もただ目を閉じて話を聞くだけでよいので、比較的すんなりと入っていくことができるでしょう。

マインドフルネスに集中できない？

瞑想というと「呼吸に集中する」とか「行動やある一定の意識に集中する」などのマインドフルネスが注目されます。

無になって何かに没頭するこ

とは、自分の意識を一度リセットすることでもあり、大切なことです。けれども、そんな瞑想中でも、私たちは日々、頭で考え、毎日起こる現実や悩みが浮かぶため、なかなか集中できないという人が多いのが現実です。

ファンタジー瞑想は、簡単に入りやすいという利点はあるものの、それでも最初は集中できないという方もいるでしょう。しかし、繰り返し瞑想をするうちに、集中するコツを必ず掴むことができます。あきらめずにチャレンジして、ぜひファンタジーワールドの世界を旅してみてください。

潜在意識《ハート》に働きかける

人間の意識には、潜在意識《ハート》と顕在意識《マインド》があります。私たちの意識は、自分の能力の10％にも満たないといわれる顕在意識《マインド》をフルに使い、拡大して、自分の目の前の現実を見つめ、生きています。

そして、膨大な自分のパワーを秘めた潜在意識はほとんど感じることなく、引きだし方も分からないままだったりします。どう引き出して良いかわからない＝だから「潜在意識」ともいわれるのですが、潜在意識は無意識のところにあるので、意味を感じることなくチャンスを逃してしまっています。自分の考えや見えることだけで現実を見ているので、潜在意識のパワーを引きだすことができていないのです。

その膨大な潜在意識を活かし、自分らしくパワーを発揮して生きるには、潜在意識のアンテナであるワクワクとした思いやひらめきを軽く拾うことが欠かせません。それが、自分が本当になりたい自分の道へと進ませることにもなるのです。

ファンタジー瞑想のよさは、現実を頭で考えようとする顕在意識を一度ストップさせ、無になり、何かに没頭する時間をつくることで思考に隙間をつくることです。そして、心を静かにさせることで、潜在意識のお知らせである「直感」を引きだしやすくするのです。そのことが、生きる力や創造力につながる「イメージ力」を養います。

　身近に感じる美しい地球の風景や登場する精霊たちの優しい愛の話を、ゆったりと目を閉じて聞くことで、癒《いや》しと集中の瞑想に入りやすくなります。

　そして森や海の精霊や花や木などの自然界、地球の美しい風景を想像することで、充足感や幸福感、愛と癒《いや》しのエネルギーを感じる体感をもつのです。そのことで、母なる地球からの愛をイメージとして受けとり、自然からのサポートや宇宙のエネルギー（高次元）に触れるパワーを感じとれるようになっていくでしょう。

潜在意識《ハート》はすべてを知っている

　マインド（思考・顕在意識）で考えなくても、あなたのハート（魂・潜在意識）はすべてを知っています。思考に偏らず、ハートでファンタジー瞑想の心地よさ、ワクワクとした楽しさ、懐かしさ、うれしさなどを感じてください。

　ファンタジー瞑想は、マインドを静かにさせ、ハートに集中し、あなたの潜在意識に働きかけます。ハートは、宇宙やあなたの愛や真実に働きかけ、本当に歩むべき道へと導きます。ファンタジー瞑想は、ファンタジーを楽しく体験しながらマインドを静かにし、ハートの声を聞き、心のブロックを乗り越えるポジティブなイメージ力を与えてくれることでしょう。

瞑想するのに相応しい時間、場所、環境

ファンタジー瞑想は、ファンタジーストーリーに入りやすいように「導入」で呼吸に集中し、地球の精霊たちが棲むナナイロの森のお話「本文」へと進みます。そして、最後に「まとめ」として導入と同じように呼吸に集中し、現実に戻ってくる構成となっています。

1日15分の瞑想タイム

瞑想ストーリーは、誰かにゆっくり読んでもらうと、より瞑想に入りやすくなります。読んでもらう時間は、おおよそ15分です。

自分ひとりで行いたい場合は、瞑想ストーリーの入りたい色の森を選び、自分でその色の森のストーリーを読みましょう。そして全体のあらすじ、流れをざっくりと覚えてイメージで入っていきます。

　自分ひとりで瞑想を行い、心地よく入れる人は、イメージだけで癒《いや》されるので、知らず知らずのうちに時間が経っていたり、眠りに落ちてしまったりします。そんな方はタイマーをかけてから行うとよいでしょう。

　休日のゆったりとした時間のすごし方として、あるいは活動の休息として取り組むとよいかもしれません。そして、瞑想が終わった後は、すぐに激しい動きはせず、少しずつゆっくり、日々の活動をスタートさせるようにしましょう。というのも、瞑想中は、脳波がくつろいでいて、創造活動をしているときの脳波（α《アルファ》波）から、就寝前や起床前に見られる脳波（θ《シータ》波）に切り替わっています。

　瞑想後、日々の生活に戻ることを考えると、全体で30分程度必要です。ですから、瞑想には全体でこれくらいかかる、ということを覚えて行うことが大切です（30分以上かけると逆効果になるので、必ず30分以内を守りましょう）。

　瞑想する場所は、あなたが心地よく感じる場所や、一人になれる部屋などがおすすめです。

　自然があふれる公園や森、お花畑、海、川などはもちろん、鳥のさえずりや木々の葉の擦《す》れあう音や風の音、花や草の香り、大地の温かさも、母なる地球のエネルギーとしてあなたを助け、より瞑想をサポートしてくれるでしょう。

呼吸しやすい環境で

　瞑想を行うときは、椅子に座ったり床に座ったり、その日の自分の居心地のよい場所を選びましょう。

　気をつけることは、呼吸しやすい姿勢になれるということ。床に座る場合は、座布団やマットを敷いて、緩く脚を組んだり、横になって寝るなどするとよいでしょう。本当に寝てしまうと瞑想にならないので、眠ってしまいそうなときは座った方が無難です。

椅子に座るときは、椅子の前面½ほどに腰かけ、両足は30㎝間隔であけ、足の裏は床につけましょう。これは、地球のエネルギーと温かさを体で受けとめるためです。

そして体の力を抜き、リラックスしながら、背もたれに寄りかからないように背筋を伸ばして座りましょう。手はおへその下7㎝くらいのところで上に向け、右手の上に左手を重ね、親指を軽く触れあわせるようにします。もし力が入りすぎるようなら、自分がリラックスできる姿勢で構いません。

また、音楽は波動が高く、心を調整してくれます。瞑想用の音楽や耳心地のよい癒《いや》しの音楽をかけると、ファンタジーの世界や瞑想に入りやすくなるので、音楽も効果的に使うとよいでしょう。

体をリラックスさせることが大切です

瞑想する際は、服装はゆったりしたものを選びましょう。アクセサリーや時計は外してリラックスし、足もとから顔、頭まで力を抜きます。

多くの方が慢性的に首や肩など、体のどこかに緊張を抱えています。瞑想でリラックスし、体の各部位に意識を向け、リラックスさせることで、どこに緊張を抱えているかに気づくことができます。

①上半身を、背骨が体の中心にきたと感じるまで左右に揺らし、中心軸を探す
②頭の中心に糸がついて引っ張られるイメージで背骨を自然に伸ばす
③つま先・足首・ひざ・腹部・腰・手・腕・首・肩・頬・頭の順に上へと緩めていき、体の緊張を整える
④静かに呼吸に集中し、瞑想する

①～④までを、毎日行いましょう。繰り返し行うことで緊張が解かれ、緩めることができま

す。瞑想後は、軽くストレッチをしてゆっくり立ち上がりましょう。

親子で、グループで、ひとりで瞑想を楽しむ

瞑想は、親しい間柄の誰かに読み聞かせることで、よりイメージが膨らみやすくなります。

子どもには、瞑想というスタイルでなくても、写真を見せながら、読み聞かせのように読んでもよいでしょう。寝る前に絵本を読むような感覚で、毎日一つ、森のお話をすると、子どものイメージ力や創造性を楽しく引きだすことができます。

子どもたちはもともと、この精霊ワールドを心のどこかで知っています。そのため、子どもから瞑想ストーリーにはない風景の話を聞くこともあるでしょう。そこには、ファンタジーな会話が生まれます。この会話こそ、ファンタジー瞑想のおもしろい部分であり、不思議なところでもあります。ファンタジー瞑想は小さな子どもも楽しめ、親子で癒《いや》される瞑想です。

もし、子どもが途中で飽きてしまった場合は、そのまま話し続けても大丈夫そうなら、中断せずに読み聞かせてあげてください。子どもが自由に動いていても、楽しい雰囲気を作って読み聞かせてあげましょう。一見、聞いていないように見えても、子どもは自由な空間の中で リラックスしながら聞いています。瞑想のファンタジーワールドに入って、想像力を柔軟に膨らませているのが、子どもの優れたところです。

グループで楽しむ

グループで瞑想を行うこともできます。グループで行う場合は、誰かひとりが瞑想ストーリーを読んでください。瞑想を読む人は、できれば想像力の豊かな人や、瞑想に慣れた人がよいでしょう。というのも、そういう方々は、目を開けて読むだけで、足元からエネルギーを感じ取ることができます。

また、目を閉じていないからといって、瞑想できていないということはありません。集中して読むことも、瞑想の一つのスタイルです。

ひとりで楽しむ

ひとりの場合は、まずは瞑想ストーリーの全体のあらすじ、流れをおおよそ覚えてから目を閉じます。そしてイメージから入りましょう。

「導入」と「まとめ」の呼吸に集中するやり方は、段取りとして大切なので、大まかに流れを覚えましょう。そして本文のイメージを想像してファンタジー瞑想へと入っていきます。この時、少しくらい内容が違っていても気にしなくて大丈夫です．想像を膨らませ、自分流の話になっていればOK。あなたのイメージ力を発揮してください。

大切なのは、自然の風景やエネルギーを感じたり、話を楽しんだり、ワクワクと想像を膨らませることです。静かに集中したり、無心になったり……。あなたが心地よく感じるだけでも十分効果があります。

「読む」「読んでもらう」
「読み聞かせ」……。
読んでもらうのがいちばん！

「今日は何色がよいか」は、深く考えすぎず、直感で選びましょう。というのも、5秒以内でくる直感が、本当のあなたに必要なエネルギーだからです。

　ファンタジーストーリーは、瞑想する人自身が読みますが、瞑想してくれる人と一緒に交代で読みあうのもよいでしょう。読んでもらうと、自分で読んだ時に比べ、心地よくリラックスでき、瞑想に入れます。

　相手に読んであげる場合は、それ自体で高次の精霊の森とアクセスできます。私は普段、読む側になることが多いのですが、読み聞かせをすると、足元からポカポカと温まってくる感覚が何度もあります。読んでもらう人ももちろんですが、読む人も癒《いや》されているんですね。

　ファンタジー瞑想は、かわいい精霊たちが登場するお話になっているので、子どもも楽しくお話に入っていけます。小さいお子さんがいる方は、どうぞ、ファンタジー瞑想を読み聞かせてあげてください。

ゆっくり読んだあとは目を瞑り、瞑想にふける

　もう一度、ファンタジー瞑想の流れをおさらいしましょう。

①誰にも邪魔されない静かな環境を選ぶ

②静かな音楽をＢＧＭにすると入りやすい

③ファンタジーの森のストーリーを読む

④目を瞑り、物語のイメージを「導入」から順に描き、自分の想像力でイメージを広げていき、瞑想にふける（このとき、覚えた話と違っていてもＯＫ。あなたの想像するイメージ力で物語を広げてみましょう）

⑤自分の決めた時間やイメージを終えたら、まとめ（次元の記憶）で、いちばんよかった風景を写真に撮るイメージをもち、呼吸に集中して現実に戻る。

小道具たちも大活躍！
みちみちはうす

ファンタジー瞑想では、ナナイロの森の精霊たちの小道具が大活躍！　そんな小道具たちを紹介します。

色で広がるオブジェやキャンドル

精霊たちのナチュラルクラフト

精霊たちは、精霊の森の七色をテーマにしています。ドライフラワーや木の実、羊毛など、ナチュラルクラフトという自然素材を使って作った立体のオブジェです。

この作品たちも、瞑想ストーリーとつながっています。ナナイロの森のどの色の森で、どの色の精霊かによって、その精霊たちを見る人の潜在意識とつながります。

この作品の中でどれが気になるかによって、あなたの今と色の意味がメッセージとなって伝わってきます。

9色のジェルキャンドル

9色のジェルキャンドルは、中にクリスタルやガラスパーツ、天使や花、星、クジラ、イルカなどをかたどった金属チャームが入ったエネルギーキャンドルです。

このキャンドルにも、もちろんテーマがあります。ジェルキャンドルの色の意味とあわせて、中に入っているクリスタルやチャームの形ごとにテーマは変わってきます。

どの色のキャンドルが気になるかで、あなたの今と色と形の意味がメッセージとして伝わるのです。

そして、自分のエネルギーが落ちているなと感じるときに灯すと、そのキャンドルのエネルギーが炎となり、あなたのエネルギーのサポートをしてくれます。

自分を中心にして周りの6方向にこのエネルギーキャンドルを置き、灯すと、ストーンサークル、魔法陣となって瞑想グッズになります。

あなたの
ハートの声を聴く
色のココロちゃん

ナナイロのココロちゃんの木のオブジェは、あなたの、そしてあなたのハート（心）の声を聴く作品です。

お腹のポケットには色別のパワーストーンが入っています。

それを、見る人に、「今日のココロちゃん」というように1色のココロちゃん（パワーストーン）を選んでもらいます。それが、あなたの今の色の意味のメッセージです。

ココロちゃんを一つもち、聞きたいことや自分のことを話しかけてみてください。そして、聞こえてくる声や返事に耳を傾けましょう。

中には、まわりの人に合わせすぎて自分は何が好きなのか、や、何を選んでいいかわからない、また、やりたいのか、やりたくないのかもわからないと苦しんでいる人がいます。そういう人は、自分に自信がなくなり、人生をどう選択していいかわからず、自分の声が聞こえなくなっています。けれどもココロちゃんは、そんな自信をなくした人に自分の声を聴く作品として役立ちます。

また、エネルギーキャンドルのように自分が座ったところを中心にし、6方向のまわりに置くことで、ストーンサークルとなり、今日の1個を持てば、自分の声を聴き、瞑想する魔法陣になります。

塗り絵はエネルギーアートの平面の表現

精霊の森のエネルギーアートの表現として、塗り絵があります。さらに、精霊の森は色別に分かれています。

この塗り絵も、どの色の森の塗り絵が気になるかで、今のあなたのテーマがわかります。

塗り絵は黙々と集中できるため、瞑想と同じく、心が無になる効果を感じることでしょう。

マンダラはエネルギーの浄化調整ツール

下の絵は、麻炭《あさすみ》とヘナと天然水をブレンドした特別な波動塗料を作り、そこにラメを加え、オリジナルの技法で描く精霊マンダラとして描いた作品です。

7つのチャクラのシンボルの神聖な図形であるヤントラを、精霊の森の七色と対応させてデザインします。

マンダラは見る人のチャクラや身体のエネルギーの浄化調整をしてくれるのです。

自分で作ることが
瞑想につながる

私が提唱するファンタジー瞑想は、エネルギーアートセラピーの一環として提供しています。瞑想だけでなく、目に見えるクラフト作品を制作したり、塗り絵やマンダラを描いたりする時間も集中し、何かに没頭することが、瞑想の集中と同じように効果があります。

目で確認すると信じるパワーが強くなる

人間は、目で確認すると、信じるパワーが強くなります。視覚で形として捉え、自ら生み出す作品は、ただ瞑想だけで自分を整理することよりも、よりパワーを受けとりやすいでしょう。

また、自分で作らなくても「気になる」「好きになる」というエネルギーは、あなたの潜在意識とつなぐエネルギーに近くなります。そのため、気になる、好きな絵画などがある場合は、目につきやすい場所に飾るとよいでしょう。

好きな色や形に思いを込めて作りだす作品は、自分に必要なエネルギーにより近く、潜在意識をサポートしてくれるアートになります。ですから、瞑想の小道具としてのそれらのアートを作ることや、自分が気に入った作品や絵を飾ることも、とても大事な意味をもつのです。

〈受講生作品〉

クラフトを愉しむ
ファンタジー瞑想の効果

声、匂い、眠り……
不思議な感覚を体感します

瞑想していると、いろいろと不思議な感覚を体感します。それは、精霊たちの声や足音などが聞こえたり、水や風の音が聞こえてきたり。また、緑やお花のよい香りがしたり、太陽の温かさを感じたり、実際に海の潮の香りを感じて泳いでいる感覚になるのです。そのほかにもおいしそうな食事が出てくるイメージだけでおいしい匂いがしたり、風のエネルギーが身体を抜ける感じがしたりする人もいるようです。

これらの瞑想で起こる感覚は、直感で受けとっています。直感とは第六感。五感を超えるもので、瞑想により、視覚・聴覚・味覚・触覚・嗅覚の五感に意識を集中することで、実際にはないイメージを見たり、音や声、味、手触り・匂いや香りを感じたりしている感覚が訪れるのです。

また、誰かにストーリーを読んでもらう声は聞こえているけれど、なぜか寝てしまったり、眠っていることが自分でわかったり……。中にはまったく記憶にないくらい寝てしまう人もいます。

それでも不思議なものですが、最後の「まとめ」になると、なぜか必ず起きて戻ることができるのです。

深呼吸して心も身体もリラックスさせる

今の自分の生き方を振り返ってみましょう。次の項目に当てはまる人は、自分らしくない生き方をしていたり、がんばりすぎたりしている人です。

*自分の考えをかたくなに押し通す
*素直になれない
*つい、トゲトゲしい言葉遣いをしてしまう
*怒りや悲しみがこみ上げる
*失敗が多い
*愛を感じない
*緊張感がある
*心に余裕がない

これら一つでも当てはまる人は、常に緊張状態で体がかたく、呼吸が浅くなっています。そのため酸素が体に行き届かず、ますます体が硬直してしまいます。呼吸が浅いことにさえ気づいていない場合が多いので、瞑想するときは少しオーバーなくらい大きく深く呼吸するようにしましょう。

瞑想している「今」に焦点を当ててみよう

瞑想中、現実のできごとが思い浮かんでしまうことがあります。それは、いつも何かを考えている人、何かに悩んでいる人、何かにがんばっている人。これらの人々は、無になりにくいのです。

過去にとらわれない心をはぐくむ

まずは呼吸に集中しましょう。ふだん私たちは呼吸に意識を向けずに息をして生きています。瞑想で呼吸を吸う、吐くことに意識するだけで、「今、生きている」の「今」を感じることができます。

現実のできごとや思いが浮か

んでも、それも「今」の私と認めることが「今」に焦点を当てることになるのです。

なぜ「今」に焦点を当てることが大切なのか。それは、過去の失敗を恐れていたり、過去の後悔ばかりを考えて、未来の不安を見て「今」を選択できずにいたり、先に進めないでいることが多いからです。

また、その呼吸に意識を集中することは、血圧の低下・心拍数の減少・不安感の軽減につながる効果があるともいわれています。

睡眠の入り口のように

日中、都合の良いときで構わないので、思考を休ませるためにも、瞑想することをおすすめします。短時間でも瞑想すると、よいアイデアが浮かんだり、集中力を復活させる効果があります。もちろん、就寝時の睡眠の入り口として瞑想を取り入れるのも大歓迎！　眠りに入りにくい方は、瞑想用の癒《いや》しの音楽などをかけて、心身ともにリラックスした状態で瞑想すると、快適な睡眠に入りやすくなります。

受講生作品

自分の変容を実感できる瞑想のいろいろな効果

　ファンタジー瞑想には、いろいろな効果があります。「導入」段階でリラックスするためのボディスキャンや、深い呼吸により、身体の緊張や痛みの緩和がバランスのとれた状態に保たれ、病気の予防になります。

　また、地球の美しい自然感や精霊たちの愛を贈るイメージは、充足感や平和・幸福感を生み出し、若返りや長生きにつながります。

　瞑想による心の静けさから、過剰反応や自己否定や罪悪感など、ネガティブな思考癖に気づき、心の反応の体感や鎮め方を知ることができます。

　自分を癒《いや》し、自分自身を手放すことで、自分への愛や周囲の人へ慈愛の心を育み、自己変容を実感できるようになります。

動植物など、自然界と地球とのつながりが愛と感じ、自分がありのままでよいという感覚や、地球からのエネルギーを愛や癒《いや》しと感じとれるようになっていきます。

そして、現実の自然界からの偶然性や美しさに感動する心が生まれるようになり、宇宙の高次元エネルギーに触れて感じる意味が現実と一致できるようになります。

【参考】
瞑想中の脳波は、β《ベータ》波からα《アルファ》波、θ《シータ》波へ

脳波は、いくつかの波に分類できるとされています。

β《ベータ》波（考えたり、働いたり、会話したりするとき）が優勢な状態のほか、α《アルファ》波（くつろぐ時、創造活動をしているとき）、θ《シータ》波（就寝前や起床前に見られる脳波）、δ《デルタ》波（筋肉の活動は休止せず、脳は休息状態になるノンレム睡眠時に見られる・入眠1時間以内）に分けることができるといわれています。

地球とつなぐ
ナチュラルクラフトと瞑想

瞑想では、地球とつながるイメージングが大切です。瞑想で大地に管を伸ばすイメージを描き、大地から温かい地球のエネルギーが身体に入っていくイメージをすると、私たちは身体が温かくなる体感をもつのです。

見えない地球のエネルギーと下半身は、とくにつながりやすく、生きるパワーや活力、そしてありのままで守られている実感をもてるようになります。

それは現実的に、地球に生きるエネルギーサポートをもらっていくのです。現実化を加速していくエネルギーを、地球とつながる瞑想からもらいましょう。

そして、そのエネルギーを湛《たた》える作品を実際に創作し、飾ることで、さらに物の形と色などのエネルギーからもサポートをもらうのです。

ナチュラルクラフト作品を選んでみましょう

あなたは、自然をテーマにしたこれから紹介する作品に何を感じますか？　また、どれが気になりますか？

気になる作品には、意味があります。作品とその自然のテーマを読んで、意識しましょう。たったそれだけでも、地球からの今のあなたへのサポートを感じることができます。

私が提唱するナチュラルエネルギーアートセラピーは、「高波動の地球の自然風景に入る瞑想」と、ナチュラルクラフトのアートワークを融合させたセラピーです。次項で、そのナチュラルクラフト作品とつなぐ自然エネルギーの意味を紹介しましょう。

太陽（火）とつながる

赤色の花や赤、オレンジ色を感じる作品は、太陽をイメージします。太陽はすべての命の源、生命をつくりだす活力を生みます。太陽のイメージ作品は、見る人に生きる活力や、やる気、情熱をサポートします。

赤やオレンジ色の花をメインに使い、緑や黄色（金）がそれをサポートする。それらの色を使ったイメージ作品をつくる、飾ることが、あなたの自宅に太陽のエネルギーを取り入れることにつながります。

月の豊かさを感じる

丸いリースのかたちそのものが満月を、そして「永遠」を意味します。

満月は、女性性のエネルギーを放つ宇宙の天体です。また、満月は、満了・完了のエネルギーを持ちます。何かを達成させたい人は、丸いリースの土台を使い、ゴールドや黄・金・紫色を使った月をイメージしたリースをつくるとよいでしょう。その作品を飾ることで、自宅に「永遠の愛と癒《いや》しと豊かさを受け取る」エネルギーがサポートされます。

星の輝きを感じる

シルバーや白、ロイヤルブルーやラメなどの輝きを放つ素材を使ったオルゴナイト作品は、見る方に星とつながり、自分のハートの輝きを放ち、いきいきと生きるサポートをしてくれます。

同様に、パワーストーンや金属などを入れて、樹脂で固めたオルゴナイト作品も、置くだけでマイナスイオンを放つアイテム。オブジェとして、近くに見える場所に飾っておくとよいでしょう。

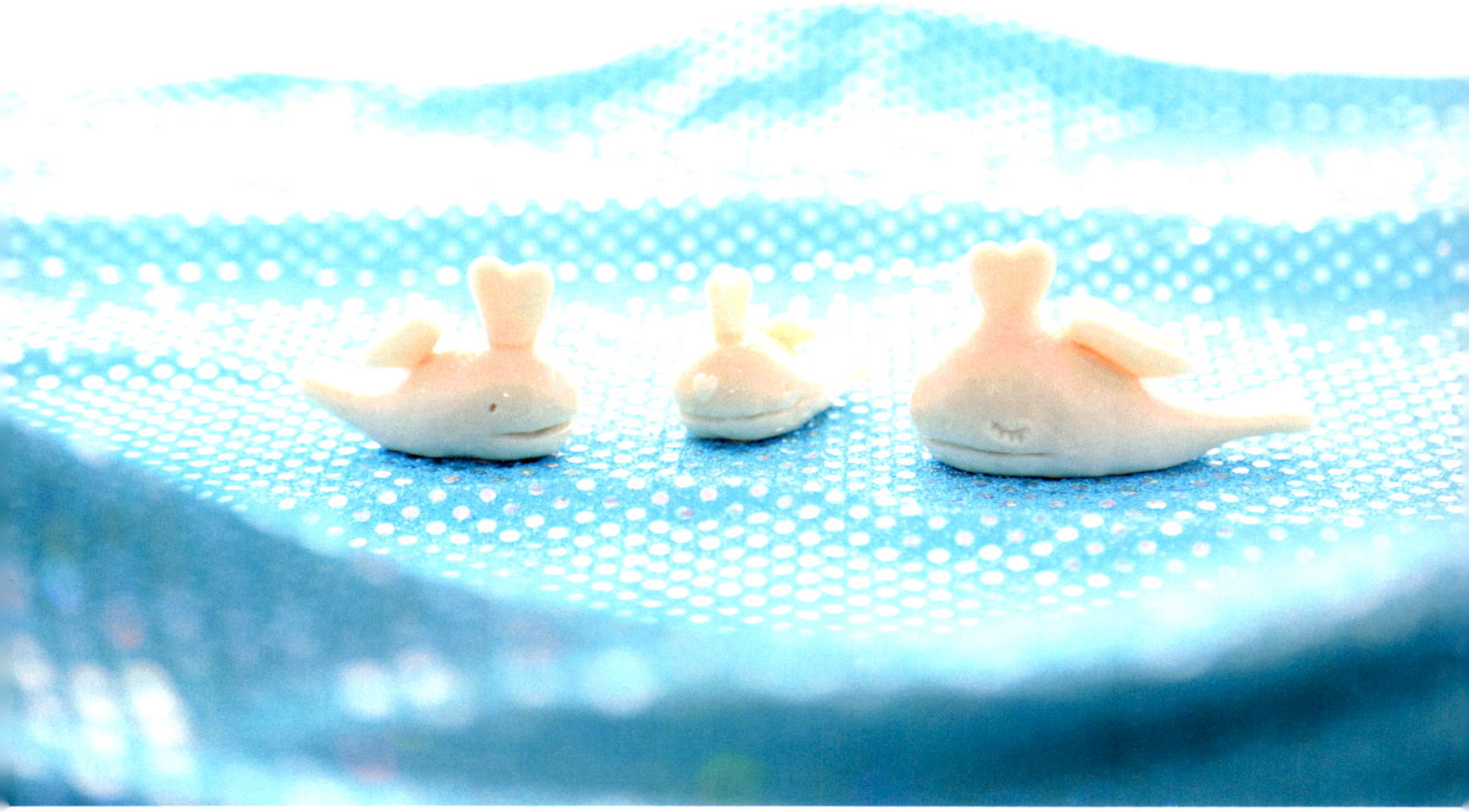

海の豊かさを感じる

ロイヤルブルーや青色の海のジェルキャンドルは、母なる地球の海を表しています。

地球は海の星です。海の水のエネルギーは、私たちの体に血液となって流れています。私たちの身体も水でできていて、水はなくてはならないもの。ロイヤルブルーの海の作品は、本当の自分のエネルギーを引きだしてくれるでしょう。

また、クジラのオブジェは無償の愛のエネルギーを意味し、本当の自分らしさを引き出し、あなたが誰かのために役に立ちたいと思っていることや、包容力をサポートし、自分の使命に気づいていきます。

水（雨）を体感する

雨をテーマにした作品は、水の美しさや浄化循環を表しています。地球の水は、雨となって降り、川を流れ、海に戻り、太陽に照らされて雲になり、また雨になって戻る。その循環は、地球を浄化し、大切な地球の生命を生み出し、潤し、育てる循環でもあるのです。

この雨の作品は、あなたの浄化循環を意識させ、自分を充電する意味を持ちます。

花の美しさや香りを感じる

可憐な花を使った作品は、花の美しさが人の心を癒《いや》したり、楽しませたりします。そして花の精霊、フェアリーやエンジェルのオブジェを使うことで、美しさやかわいらしさ、楽しさ、まわりとの調和も表しています。

このオブジェは、自分の中にある美しさやかわいらしさを意識し、自分だけでなくまわりの人も楽しませるエネルギーをサポートします。精霊たちは歌を歌っているので、音楽と縁を深く感じることでしょう。

雲と空のエネルギーとつながる

雲の精霊と風の精霊のオブジェが下がる吊り飾りは、空と雲と風のエネルギーのオブジェです。雲の精霊が風のエネルギーをつかさどり、風を起こし、空をふわふわと楽しく飛ぶ様子を表しています。

　雲は頭のなかの考えです。考えすぎていたり、悩んでいたり、それを風で飛ばし、隙間を空けて柔軟な自分になり、ふわふわと空を飛ぶように生きる。あなたの自分の思考をクリアにして、柔軟に考えることをサポートします。

風を体感する

青い空を無色透明な風が動く。花が自由に、創造的に何にもとらわれることなく宙を舞う。

それを表現した風のフレームは、かたちがあるようでない風を作りだしています。

　このフレームは、かたちを崩し、自分の自由性や柔軟性を生み、豊かで創造的に生きるエネルギーをサポートします。

森の叡智《えいち》を知る

うさぎの森のかわいいリース。グリーンの葉は、地球の叡智《えいち》を

知る木を表し、地球の自然との調和を表現しています。かわいい七色の花を使い、うさぎのオブジェがかわいらしい作品です。

地球とつながり、自然とともに生きていることを大切にするエネルギーサポートです。まわりの人とのバランスや調和を整えることでうまくいくという意味があります。

青い鳥と地球の愛を感じる

青い鳥は、地球の空を飛び、人間を愛し、共存共栄を愛する精霊です。そして、母なる地球はその精霊たちを美しく輝かせ、すべての人々に愛を贈る存在であることを伝えています。

これは、自分の純粋さを信じ、自然や地球の動植物を愛する心を大切に思う心をオブジェで表しています。

この心は、地球や自然を愛する心を育て、自然とともに生きることの大切さを感じ、それが豊かに生きる力となるサポートをします。

虹と地球の光を感じる

ユニコーンは、地球の空で純粋さのエネルギーを私たち人間に贈り、七色の森の色のエネルギーを、人間に見えるように虹をつくる精霊でもあります。

このユニコーンのエネルギーによって、自分の純粋さを大切に思い、それぞれの色のエネルギーの意味を生活にとり入れることを意識するとよいでしょう。地球の自然界からの恩恵や愛を感じ、母なる地球とつながり、豊かに生きることをサポートします。

母なる地球と自己愛を感じる

ガーランドという形のオブジェは「綱《つな》」といい「つなぐ」を意味します。地球を表す丸いかたちに、ハート型やかわいい木の実などを使い、地球と自分の愛をつなぐかたちをしています。

地球と自分のエネルギーをつなぐことは、自分の現実と地球に生きる意味や大切さを感じ、大いなる地球から自然というかたちで愛と恵みを受けとり、生かされていることを感じさせてくれます。自然のなかに生きることは、当たり前のようで当たり前ではないことなのです。

自分のハートのなかに地球の愛と光をイメージしましょう。地球を愛することは、自分を愛すること、自然を愛し、豊かに生きることをサポートしてくれます。

「高次元の波動の森」で
ワクワクしましょう！

瞑想でつちかうイメージ力は人生を豊かに変化させる

私たちはイメージ力が大切です。自分はイメージ力でなんでもできる！　そう思い、あなたの現実を見てください。あなたはどんなイメージを頭のなかで選んでいますか？

　私たちは、イメージで現実を選択しています。自分が思い描く通りに生きる力は、イメージ力にかかっています。

　ワクワクとした楽しいポジティブイメージと、不安や恐れを感じるネガティブイメージ。どちらも、あなたがそのイメージを選択し、あなたが現実を作っているのです。

　あなたのイメージがどちらに偏っているかで、現実を楽しく生きていられるかどうかを選択していることになるのです。

そのイメージ力をアップさせ、ポジティブへの変換力を養い、現実を心地よいところへと導いてくれるのが瞑想です。

瞑想は、あなたの思考をいったん無にして静かにさせ、そして地球の高次元の精霊の森とつなぎ、あなたのイメージをファンタジーに、楽しく調整してくれるツールです。

さあ、あなたのイメージ力をチェックしてみましょう。

不安がワクワクを消していませんか？

私たちは、自分が好きなこと、好きな活動に出合ったとき、やりたいことに出合ったとき、ワクワクとハート（心臓）で感情が湧き上がります。そのワクワクとした感情を感じたとき、何も考えず、すぐに行動できたなら、現実に扉が開き、あなたに合った生き方やいきいきと生きる道が見えてきます。

けれども、あなたが好きなことができていないと感じたり、生活にワクワクが足りないと感じている場合は、日々の生活に追われて好きな気持ちを無意識に打ち消してしまっているため、ワクワク感に気づくことができなくなっているのです。

忙しい毎日の中でも、一瞬ワクワクすることはあるでしょう。けれどもやらなければならないことや、仕事を優先するあまり、自分の心からのワクワクを行動に移すことができず、あとまわしにする、あるいは忘れてしまうことが多いでしょう。

また、本当にやりたいことが浮かんでいるのにも関わらず、それをやっても生きていく収入にはならない、とか、その道へ進むことが不安で進めない、など、不安や恐れが先行して時間だけが過ぎ、いずれワクワクも消えていきます。中には、ワクワクした気がしたけれど、違ったみたい、と、自分の気持ちは間違っていたと打ち消してしまう人もいます。

ワクワク感は、誰かのために役に立てる可能性を秘めた潜在意識の道標です。ですから、自分自身がワクワクを感じたら、まずは行動してみることが大切です。ワクワクを拾ったら、ひとまずＳＮＳで発信したり人に聞いてみたり……。小さなことでも実際に動いてみることで、なりたい自分への小さな扉が開き、あなたの道へと動いていくでしょう。

そして、そのワクワクを拾うことは、自分の声を聞き、自分を愛し、自分らしく生きる道へと自分が選択していることの証です。

ここで大切なのは、「結果がどうなるか」ではありません。ワクワクの芽に気づき、行動することが重要なのです。これができた人だけが自分の人生を豊かに、面白く、好きな仕事などで生きていくことができるのです。

だからこそ、瞑想でつちかうポジティブなイメージ力が大切となるのです。

実現しない現実を、自分のイメージでつくっていませんか？

私たちは、イメージで現実化していきます。つまり、できる自分のイメージも、できない自分のイメージも、自分で選んでいるのです。

現実化する力は、ワクワクを「実行できるイメージにできる」、または「実行できないイメージにするか」だけなのです。自分が「できる」とイメージする人は、現実をすべて自分のポジティブなイメージ力で引き寄せ、起こしています。よいことも悪いことも、すべて自分のイメージで選んでいるのです。

いつもワクワクと楽しいことを考えている人には、まわりに楽しい人が集まり、ワクワクとした出来事がたくさん起こります。たとえばプレゼントはこんなものが欲しいなと考えていると、そのプレゼントがもらえるというように。

けれどもその奇跡は、「絶対にもらえる」と１００％信じたときだけ起こるのです。少しでも自分への疑いの気持ちがあると、奇跡は起こりません。

嫌な出来事が起きたときは、その視点をもっていることに気づくとよいでしょう。つまり、こんなことは起こりませんように、とか、こんな嫌なことが起きたらどうしようと考えていることは、あなたの視点が不安や恐れのイメージを見ていることになります。この視点がネガティブな出来事を引き起こしていることに、気づくことが大切です。

自分のイメージ力によって嫌な出来事が起きていることに気づかないと、嫌な事柄一つ一つに腹を立て、一喜一憂し、疲れ果ててしまいます。

また、自分のイメージ力が強い人は、自分を信じる力も大きいというメリットを持っています。けれどもイメージ力が強いということは、反面、嫌な出来事を引き起こす可能性も高くなります。だから、イメージ力の強い人は、嫌な出来事が自分のイメージで起きやすいということに気づき、そのイメージを起こさないように行動するようにしましょう。人生に起こる事は、すべて自分を信じる気持ちや自分の気持ちの選択によって変わるのですから。

限界を設けるのは他人ではなく自分

イメージの中でなら、私たちはどんなこともできます。瞑想でたくさんのポジティブイメージ力を膨らましましょう。

「なりたい自分」「何か好きなことをしている自分」「未体験のことを体験して、成功している自分」「行きたい世界で好きなことをしている自分」などです。

イメージ力さえあれば、世界のいろんな場所へ行けます。あなたのエネルギーを、その場所に残してくることもできるのです。

日ごろからイメージを膨らませて、ワクワクしながら瞑想でなりたい自分を思い描いていると、現実の自分が近づいていきます。あなたのイメージ力が現実の出来事を宇宙に注文して、奇跡を起こすのです。まずは「できる！」と信じ、自分の力を100％信頼しましょう。

私たちに限界はありません。今、自分に限界があると感じていたら、瞑想でできるようになる自分をイメージすればよいのです。

過去や未来に囚われなくなる

私たちは、生まれてから死ぬまで、寿命という時間軸のタイムラインに生きています。そしてそのタイムラインは、意識することで過去へ行ったり、未来へ行くことができるのです。それは、あなたの時空を超えるイメージ力の一つでもあります。

私たちは、日々の現実を目の当たりにしたとき、「過去の後悔」や「未来の不安」を見ていたりします。過去や未来へのネガティブなイメージは、今のネガティブな現実を引き起こしているのです。だからこそ、そのイメージ力の質が大切です。楽しい過去や明るい未来をイメージし、イキイキ、ワクワクと日々を過ごしましょう。

とはいえ、今、自分がどうありたいのか、今自分がどう選択するのか、を意識できず、過去のネガティブな出来事への後悔や罪悪感、見えない未来への不安や恐れに囚われてしまう人もいます。

しかし、そういう人にこそ、瞑想は効果的です。

瞑想は、呼吸に集中することで「今、生きている」と感じることができます。

瞑想によって「今」の自分に意識を置き、ワクワクとした楽しい未来を描くイメージ力を養いましょう。

ココロの整理をつければ
道が開かれる

自分の心を整理するとはどういう事でしょうか。

瞑想により、静かに自分に集中する時間をとると、雑然とした自分の思考が自然と瞑想中に浮かんだりします。それは、つねに自分が考えごとをしていて、急にストップできないからです。

自分の思考の隙間をつくる

瞑想という「無」になる時間をつくると、自分の思考の隙間をつくり、無意識でいつも考えごとをするクセやネガティブ思考をもつ自分に気づき、その自分を感じとれるようになります。

瞑想により、1日のうち15分〜30分間の静かな時間をすごすことが、つねに仕事や家庭、自分の人生について考えごとをしていることも「無」になり、ストップがかかります。

毎日、瞑想を生活に取り入れることで、少しずつそれができる自分に気づいていき、いらないと感じる現実につながるネガティブな思考を整理することができるようになるのです。

ハートで感じることに意識し、自分の心の声に耳を澄ますように集中する瞑想により、自分のなりたい姿、やりたいこと、好きなことや自分らしくない選択をしていることなど、自分の声が聞こえるようになってきます。

本来の私たちは、人生すべてを自分自身で動かさなくてもよいと私は考えています。

偶然とはいえないような偶然性が起こることを、シンクロニシティといいます。シンクロニシティは、私たちの潜在意識からの運命のお知らせでもあります。

自分らしく生きる道を選ぶとき、運命のお知らせや地球全体のエネルギーの流れを読むことが大切です。運命の知らせや流れを読むことは、自分の心の流れに任せようとする余裕が必要です。

それを自分の顕在意識だけで考え、自分がすべてを決め、動かす人生の選択をしていると、狭い場所で小さな力で自分の人生を動かすことになり、その運命の流れを読むこともできなくなってしまいます。

見えない流れを信じる心

私たちの顕在意識は、私たち人間の能力の数パーセントしか使っていないといわれています。それに対して運命の知らせや流れを読むことは、膨大な潜在意識の道を感じとることでもあるのです。

どうしたら膨大な自分のパワーでもある潜在意識の流れを読み、自分の能力以上の結果や、なりたい自分の明るい未来への道を見つけだすことができるのか。それは、顕在意識で考えず、「自分だけの力でどうこうしようとしないで流れとシンクロを読みとる」ということが大切でしょう。

そのためには、見えない流れを信じる心が必要となってきます。瞑想でイメージ力やエネルギーの体感を感じることは、見えない何かを信じる力を養っていくことにもなるでしょう。

そして、瞑想により、心の隙間と余裕をつくることが、自分の心を整理し、運命の流れを読み、自分を俯瞰して、どんな現実も軽やかに受けとめることにつながるのです。

あなたも好きな道で生きられる！

自分の好きなことだけで収入を得て生きることは難しいとみなさんは思うでしょう。しかし私自身は、好きなクラフトを教えるという道を選び、この世界で18年活動しています。

私はなぜ、この道を選べたのか

この本を読んでくださった方の中には、Audreyさんは天から才能を与えられたから、と思ってくださる方がいるかもしれません。

天から与えられた才能を生かし、生きることは、天職といいますが、そういう意味では、確かに私はクラフト作家という天職を手にしたかもしれません。

作品を作りだす才能は、おそらくあったのでしょう。けれども、世の中には、私よりももっとすばらしい作品を作り、才能豊かな方がたくさんいらっしゃいます。でも、その中で好きな道を選び、収入を得、生活できる人は、少ないでしょう。

天職で生きるための、私なりのポリシーがあります。私Audreyが好きな道で生きていけるのは、次に説明するポイントを私自身が得ているからだと思います。

①夢をもつこと

好きなことで夢を持つ、ということを、自分自身が認めてあげることが大切です。夢は叶わないもの、という気持ちを自分が持ってはいけません。そして自分を育てる必要もあります。小さな夢から大きな夢まで、なりたい自分をワクワクと設定しましょう。それが好きな道で生きていく大切な資質です。

②好きなことに出合ったら、自分の気持ちに素直になってすぐに行動する

まずは自分のワクワクにアンテナを立てましょう。ワクワクの体感を見逃さず、そのワクワクを考えるより先にすぐに行動に移すことが大切です。行動といっても大げさなことでなくてOK。たとえば、気になったことがあったらすぐに問い合わせてみるとか、そんな些細なことで良いのです。現実になるよう、地道に行動することが、好きなことで生きる土台となっていくのです。

③「楽しい」「うれしい」「できる」というイメージ力が、結果につながる

楽しさをとことん追求しましょう。楽しい！　ワクワクする！　その気持ちを何よりも優先し、行動してみてください。その気持ちを持つことが「できる」という自信につながっていきます。

④運命の流れを読み、シンクロ

ニシティ（偶然が偶然を呼ぶ）を拾うことで幸運を呼ぶ

直感がひらめいたり、見えないサポートを感じたり、身近な人に同じことを何度もいわれたり……。シンクロニシティを感じたら、それは「運命の流れ」、「自分の人生の中で意味があるもの」と、とらえていきましょう。

よいことは、強く信じることで幸運を呼びます。進まないことや滞ることは、道の選択を変えることを心が求めているのです。方向を決めるのはあくまでも自分ですが、道順を決めることを手放せば、運命の流れに乗って自分の力以上のことが起こります。

また、普段から瞑想を取り入れることで、自然の景色から得られることもあります。

⑤変化の流れに気づいたら、まずは先に手放しする

自分が変化をさせようと思わなくても、変化のタイミングが来れば、自然とその知らせはきます。その知らせは、「掃除をしましょう」「新しい人との出会い」「新しいワクワクとの出会い」など、さまざまですが、今までしてきたことがうまくいかなかったり、モヤモヤしたり苦しい状況になったりすることもあります。ネガティブな感覚のこともあります。

これらの変化の知らせがきた場合は、自分の声には耳を貸さずに、まず、うまくいっていないことや苦しいことを止めて手放しましょう。それを行うことで新しい場所、心の隙間をあけることになり、次のステージが訪れるのです。

その感覚は、ポジティブな思考を日ごろから心がけていれば、ほぼ直感でわかります。そして心の隙間をあけて普段から直感を拾える自分であるために、瞑想を生活に取り入れましょう。

⑥お金は愛を受け取る決心。自分を１００％信じることで入ってくる

好きな道で生きるには、やはりお金は大切です。この地球で生きていくうえで、お金という

エネルギーをどう生み出すことができるか。それは、宇宙にある無限の豊かさにアクセスできていることが必要不可欠です。

　まずは自分の観念を見直しましょう。お金に関するネガティブな観念が、豊かなエネルギーを受けとる流れをせき止めているかもしれません。「お金がたくさんあると不幸せになる」とか「お金は汚いものだから」など、お金に関するネガティブな観念が潜在的にないか、自分の心に問いかけてみましょう。そしてもし、その観念があったら、お金に対するネガティブな観念をポジティブな言葉に書き換えてみます。「お金を受け取っても大丈夫」「すべてのお金の流れを受けとります」というように。

　また、お金の流れとは、豊かな愛のエネルギーの流れでもあります。

　愛を受け取るには、決心することがいちばん大切です。まわりの人や自然すべてから愛を受けとる意識を持つだけで、愛が流れてきたときに「受け取ります」といえる自分になっていき、自然と愛だけでなく、物やお金などがいろんなかたちであなたに注がれていくでしょう。

　また、色も意識して身に着けるなどのサポートをもらうこともできます。とくに黄色やオレンジ・金色の物を家に置いたり身に着けたりすると、より豊かなエネルギーを受けとれるようになります。

　さらに、瞑想で豊かな金色の粉のエネルギーが宇宙から自分に降り注ぎ、豊かさを受け取るイメージ力が養われます。「受け取れた」「必ずできる」と、不安や揺らぎを覚えることなく、信じていくことがいちばん大切なのです。豊かさの引きだしを開き、無限に受けとれる循環を感じていきましょう。

ネガティブの入り口で
引き返すクセをつけましょう

自分を愛することは、自分の声を聞くことといわれます。自分が本当にやりたいことや好きなこと、ワクワクする気持ちに耳を澄ませましょう。

自分の心の声に耳をすませると、当然ネガティブな声も聞こえてきます。中には、できない自分を責めたり、どうしてネガティブになるのだろう？　と、答えのでない迷宮に入りこんでしまう人もいます。

ネガティブな自分の声は、なかなか答えが出ないことが多く、泥沼にはまっていきがちです。

ネガティブは誘惑の声です。そのため、私たちは深みにはまり、出にくくなってしまうのです。

反面、ポジティブな自分の声は、自分が意識しないと聞こえてきません。ですから、ポジティブ思考は意識して選択する努力が必要です。

ネガティブの入り口に立ちやすい人は、引き返すクセをつけるようにしましょう。なにも、ネガティブな自分を否定することはありません。そういうクセがあるということに気づくだけでよいのです。

また、ネガティブに陥りがちな時間帯を意識したり、毎朝、すべての活動をはじめる前にポジティブなアファメーション（祈りの言葉）を唱える習慣をつけるのもよいかもしれません。

そして、その入り口として、ファンタジー瞑想を取り入れるのです。すると、瞑想で見た風景のイメージを思いだすだけでも、自分の波動を簡単に高く調整し、ポジティブな自分へと変容のサポートをしてくれるようになります。

無条件の愛のエネルギーを受け与えられます

ファンタジー瞑想を取り入れるようになると、地球の自然に関心や感動の視点を持つ生活が送れるようになります。自然とつながるファンタジー瞑想をしていると、太陽・月・星・風・雲・森・川・海など、地球の自然の風景を意識できるだけでなく、その風景を見ることで感じる視点と感性が変わってきます。

そして、自分で感じたことを、地球からのメッセージとして感じるようになります。それは、地球の自然エネルギーとよりつながっていること。青い空を見たり、雲のかたちが何かに見えたり、お日さまの暖かさで心が和んだり、雨の強さや雨が降ることで見える清らかさなどに感じる、あなたの心の声が母なる地球の声やメッセージでもあるのです。

それは、当たり前の存在としてあるのではなく、「ある」と気づくことが感謝の心につながります。地球に住む私たち人間みんなに平等に与えられた地球からの愛と感謝の心として受け取れると、無条件の愛を感じるようになります。そのことは、あなたがどんな姿であろうとも、自分がありのままですべて愛されているという自信と心の安定につながっていきます。

「誰のために、何を」がはっきりしてきます

瞑想は、自分のハートの声を聞く隙間をつくり、整理していくことから潜在意識の道を導きだしやすくします。心の余裕や、無の時間が自分の声を聞こえやすくするのです。

そして、イメージ力もつき、自分の歩く道が自分だけのためではないことに気づきます。

また、潜在意識は、利他のために動くともいわれています。ただ好きなことをやっているだけだと思っていたけれど、誰かのために何ができるかを意識して行動したり、自分の声を聞いて好きなことが誰かのためになっているのだ、という視点を持つと、より前に進んでいく体感やうまく動く実感が持てるでしょう。それが潜在意識の見えないサポートを感じることになるのです。

瞑想を伝えることでワクワク感が伝染する

この精霊の森のファンタジー瞑想は、私自身がかなりワクワクとつくっています。それは、私がワクワクにとても敏感に行動できるからでもありますが、ワクワクして書いている瞑想ストーリーは、純粋な思いで精霊の森にアクセスして作られているため、波動が高いからです。

この精霊の森の瞑想ストーリーを読むだけで、誰でも高波動を伝えることができ、ワクワクが伝染します。

私はいつもワクワク感に満たされています

私は、『Heart Angel』という手づくりショップを経営して、丸10年が経ちました。そして、4年前にログハウスを建て直しました。それは、決して余裕があってしたことではなかったのですが、人生の流れでそう選択したからです。

この選択は大きなチャレンジで、私の20年来の夢でもありました。

私の夢のログハウスは、アトリエとして作りました。それより前の6年は、ログハウス風のかわいらしい家を賃貸で借りていました。そこをアトリエ兼ショップとしていたところ、移転しなければならない状況になり、同じ賃貸に移転するか、自宅の隣に移転するか迷いました。けれども、とてもかわいい家を借りていたこともあり、自宅の横に新築しようかどうかとても迷いました。

すでに50歳となっていた私がログハウスを新築することは、大きな冒険でしたし、引っ越しだけでなく、費用の面でも大金を用意することは、簡単なことではなかったのです。

しかし、私はどちらか迷ったときは、まずどちらも少し動いてみることにしています。そして、どちらかの扉が開いて、展開していく方向に進むのが私の選択方法です。扉が開かないほうは道が違っていると、流れを読みます。

どう選択するにしても、自分の気持ちのあり方が大切です。まず、自分がどちらにワクワクとするのかを自分のハートに聞きます。そして、そのワクワクの選択の方向が、「他人の利益のため」という気持ちのあり方で、なりたい自分の道への見えないサポートをもらえるのです。

もちろんそのサポートは、見えないガイドの応援です。つまり、潜在意識の導きなのです。

ログハウスを建てたいという気持ちは、自分の夢へのワクワクがあってこそ、ですが、何より『Heart Angel』に来られるお客さまの喜ぶ顔を見たいという気持ちが一番大きかったのだと思います。

私が人生のやりたいことで進む道が「誰かのために何かできるか」という他人の利益のために動く道であるとき、その選択には潜在意識のパワーのサポートが動き、自分ではできないような大きなチャレンジも成しとげる奇跡を起こします。

ログハウスは外壁や内壁を自分で塗装するなど、できることは自分でやりました。有志のお客さまにも手伝っていただいたり、多くの愛に支えられ、完成させることができました。

そして無事『Heart Angel』大移動も完了、移転新築して早4年が経ちました。今は、移転前よりも木の香りがして、居心地がよく、お客さまにも喜んでいただけるアトリエになったと感じています。

私の選択はいつもワクワクと、素直に。すぐに行動することがよい結果を生むと思っています。そして、それがより高い現実化力を生みます。

自分の頭で考えすぎず つねにポジティブ思考に

　では、どうして私がワクワクとすぐ行動できるのか、ですが、それは、自分の頭で考えすぎず、つねにポジティブ思考であるからです。それは、私がこのファンタジー瞑想にアクセスできる〝緩さ〟を持っているからなのかもしれません。つねに私の頭の中は精霊たちが住むファンタジー感に包まれているからでしょう。

　しかし、頭の中のファンタジーと現実をつなぐことも大切です。それは、ワクワクと楽しいことを現実のみなさまにどう見せたらよいかと考えているからかもしれません。どう提供したらよいか、というアイデアもインスピレーションで降ろしているからでしょう。

　精霊の森のエネルギーアートセラピーの塗り絵のコースを作ったときも、そう感じました。ワクワクと1枚描いたことがきっかけで、10枚の塗り絵を約3か月で完成させ、すぐにエネルギーアートセラピー塗り絵コースをスタートさせ、私の仕事に変化させています。

　みなさんの中には、夢と収入が結びつかないと考えている方もいると思います。しかし、先に収入やお金で判断していると、ワクワク感や夢は遠いところに行ってしまい、躊躇《ちゅうちょ》して行動・現実化できないでいることが多いのです。

　まずはワクワクに従って、少しでも動いてみることが大切です。そして、そのワクワクがすぐにお金にならなくても、あきらめないことです。

　時間がワクワクを育ててくれる場合もあります。生活を支えてくれる活動に変化し、生きる道へと導いてくれるのです。

夢の〝叶い方〟がわかるようになります

あなたの夢は何ですか？　夢を持つことさえしていない人が多いのではないでしょうか。それは、夢は叶わないという思い込みから、夢を持つことさえしないという選択をしているからです。

夢は叶います。

そのことをまず自分に許可しましょう。その設定ができていないと、いくらファンタジー瞑想しても、夢は見えてきません。まず、どんな夢を持ちたいのかをワクワクと考える自分になりましょう。

そして、そのワクワクを広げていくために、このファンタジー瞑想で空想やイメージ力を培ってください。

もちろん、ファンタジーでなくてもかまいません。ただ、ファンタジーの世界に入ることで、あなたのイメージ力はもっともっと広がるでしょう。

毎日ファンタジー瞑想で空想してください。それがあなたのなかにある「クリエーティブ」という創造のスイッチを入れることになるのです。

そして、ワクワクとした自分のハートの声が聞こえたとき、柔軟に考える力がイメージ力で養われていることに気づきます。

精霊の森の精霊たちも、高次元の地球からあなた方に愛を送り、あなたのお手伝いをしたいと思っています。そして、あなたが自分のワクワク感を拾い、あなたの本当の魂の光を輝かせ、歩むべき道を歩いていかれることを願っています。

横山智恵子

森のアーティスト Audrey（オードリー）
手づくりの小さなショップ Heart Angel 代表
日本園芸協会ドライフラワーアーティスト
ナチュラルクラフト教室講師
エネルギーアートセラピー創始者

富山県高岡市出身。地球の自然やココロの癒《いや》しをテーマにしたファンタジーアート展を全国各地で開催。ファンタジー瞑想法とチャネリングセッション、ナチュラルクラフト、塗り絵、マンダラ、キャンドルのアートワークを融合した「オリジナル瞑想セラピー」としてスクールを開講。「精霊の森のエネルギーアートセラピー」「ナチュラルエネルギーアートセラピー」「塗り絵エネルギーアートセラピー」「ドラゴンヒーリングメディテーション＆精霊マンダラエネルギーアートセラピー」を行っている。
HeartAngelHP　http://heart-angel.pinoko.jp/

シマタエコ

写真家

富山県高岡市出身。ポートレートを中心に、県内外のミュージシャンのCDジャケット撮影、宣材写真、商品撮影、デザインなどを幅広く手掛ける。富山、北陸を中心に、東京、関西でも活動中。写真作家活動の代表作として、少女から大人の狭間で揺れ動く多感な心模様をテーマとした「ココロノモヨウ」シリーズがある。
過去の写真展に、リコーイメージングスクエア銀座AWP「名もなき者たち」、北日本新聞社ギャラリー「ココロノ模様」、ミュゼふくおかカメラ館「シマタエコ写真展・ココロノモヨウ –卒業–」など、多数。
http://shimataeko.pecori.jp/
http://photo-factory24.com

ファンタジー瞑想

2018年3月18日　初版第1刷

文　横山智恵子　写真　シマタエコ

発行人　松﨑義行
発　行　みらいパブリッシング
東京都杉並区高円寺南4-26-5 YSビル3F 〒166-0003
TEL03-5913-8611　FAX03-5913-8011
http://miraipub.jp　E-mail : info@miraipub.jp
発　売　星雲社
東京都文京区水道 1-3-30 〒112-0005
TEL03-3868-3275　FAX03-3868-6588
モデル　島香織 富山県高岡市出身シンガーソングライター
作品提供　na'co　椛島直記　nanaco　中村左衛子　中田かおり　古本和美　池田恭子
撮影協力　末友留美
企画協力　Jディスカヴァー
編集　諸井和美
装幀　堀川さゆり
印刷・製本　株式会社上野印刷所
落丁・乱丁本は弊社宛にお送りください。送料弊社負担でお取り替えいたします。
© Chieko Yokoyama,Taeko Shima 2018 Printed in Japan
ISBN978-4-434-24409-4 C0011